PARA ONDE VAMOS COM ESSA PRESSA?

Livros do autor publicados pela **L&PM** EDITORES

Do que você precisa para ser feliz?
Felicidade é o que conta
Para onde vamos com essa pressa?
O que cabe em um abraço
Se você para, você cai
A tristeza pode esperar (Prêmio Açorianos de Literatura 2014 e Prêmio Livro do Ano AGES 2014)

J.J. CAMARGO

PARA ONDE VAMOS COM ESSA PRESSA?

L&PM EDITORES

Texto de acordo com a nova ortografia.

As crônicas deste livro foram publicadas originalmente no jornal *Zero Hora*.

Capa: Ivan Pinheiro Machado. *Ilustração*: iStock
Preparação: Mariana Donner da Costa
Revisão: L&PM Editores

CIP-Brasil. Catalogação na publicação
Sindicato Nacional dos Editores de Livros, RJ.

C178p

Camargo, J.J., 1946-
　Para onde vamos com essa pressa? / J.J. Camargo. – 1. ed. – Porto Alegre [RS]: L&PM, 2020.
　248 p. ; 21 cm.

　ISBN 978-65-5666-098-1

　1. Crônicas brasileiras. I. Título.

20-66527　　　　　　　　　　　CDD: 869.8
　　　　　　　　　　　CDU: 82-94(81)

Camila Donis Hartmann - Bibliotecária - CRB-7/6472

© J.J. Camargo, 2020

Todos os direitos desta edição reservados a L&PM Editores
Rua Comendador Coruja, 314, loja 9 – Floresta – 90.220-180
Porto Alegre – RS – Brasil / Fone: 51.3225.5777

Pedidos & Depto. Comercial: vendas@lpm.com.br
Fale conosco: info@lpm.com.br
www.lpm.com.br

Impresso no Brasil
Primavera de 2020

*Aos personagens anônimos dessas histórias,
que, tendo-as vivido, se revelaram,
mesmo que não tenham percebido.*

*Aos Editores da L&PM, que
consideraram útil contá-las.*

*E aos leitores que interagiram,
agradecendo ou protestando.*

Sumário

Introdução 11

A inocência que perdemos 15
A esperança nunca desiste 18
A arte de se proteger 21
A delicadeza no sucesso pode ser falsa 24
A ordem natural das coisas 27
As melhores justificativas pra se viver 30
Histórias soltas por aí (à espera de alguém) 33
O cumprimento do dever 36
E haja disponibilidade 39
Coragem para ser otimista 42
A frágil blindagem da dissimulação 45
A desconfiança 48
A dama da lâmpada 51
Espontaneidade ilimitada 54
A gaveta das coisas imperdíveis 57
Até onde ajudar alguém? 60
A estranha ideia de heroísmo 63
Transplante de pulmão – trinta anos depois 66
A confiança que despertamos 70
As lágrimas que não escolhemos 73

Classifique seus amigos e evite surpresas 76
As pessoas que gostam da gente 79
Por que mentimos? 82
O risco da euforia pelo novo 85
A radicalização é um atalho para a infelicidade 88
Afeto é a melhor surpresa 91
As sobras de tudo 94
Dos afetos distantes 98
Felicidade: o trabalho que dá 100
Inteligência artificial? Entre e sente-se, por favor ...103
A banalização do sagrado 106
Não se anuncie importante. Apenas seja para
   alguém 109
Dos nossos arrependimentos 111
Liberdade de expressão. Qual o limite? 114
A salvaguarda do medo 117
Ninguém quer escolher o final 120
Nossas âncoras e o que somos sem elas 123
Onde foi parar a alegria de ser jovem? 126
As carências de cada um 129
Como será que seremos? 132
A humanização que qualifica 135
Consolar não é para principiantes 140
Em dúvida, confie no imprevisto 143
O muro do fim da vida 146
O orgulho do Pietro 149
O punhal da palavra 152
As piores frases 155
O afeto está nos pequenos detalhes 158

O poder identifica o caráter (de quem tem) 161
Misericórdia: não desista de merecê-la 164
Não escolha o dia, abrace 167
O escasso tempo da esperança 170
Quando a inércia é uma escolha 173
O que oferecer quando não há o quê? 176
Perdão. O melhor começo do fim 179
Opinião todo mundo tem 182
Os contadores de histórias 185
Um catequista amador 188
Rivalidade, o antídoto da mediocridade 191
Prisão domiciliar 194
Os donos do papo-furado 197
O sonho fraudado 200
O que o dinheiro não compra 204
Uma tragédia brasileira 207
Vergonha de sentir medo 210
A noite precisa ser protegida 213
Sem emoção, tente o silêncio 216
Se não há futuro, fale do passado 219
Afetos desperdiçados 222
Já foi mais fácil ser feliz 224
O que nunca muda 227
Natural e inevitável 230
De mãos dadas 233
Para onde vamos com essa pressa? 235
De quem você precisa? 238

Sobre o autor 241

Introdução

Para onde vamos com essa pressa? é uma coletânea de crônicas do cotidiano envolvendo experiências pessoais que ilustram, sem dissimulação, a biografia de uma sociedade sempre em evolução, mas com alicerces imutáveis, porque não podemos modificar, na essência, o que de fato somos. São essas imposições do caráter que nos escravizam, não importa o quanto nos rebelemos.

Muitos dos personagens descritos aqui nos dariam orgulho se fossem nossos parentes e amigos, e, uns poucos, talvez não tão poucos, nos envergonhariam.

Adianto-me em avisar que algumas histórias poderão parecer inverossímeis, mas precisam ser visitadas pelo prisma dos três maiores autenticadores da atitude humana: a doença, o medo da morte e o imprevisto. E então, considerando a diversidade humana, tudo parecerá possível e, às vezes, dolorosamente possível.

A descoberta da finitude, que é sempre assustadora e trágica, e tanto mais quanto menos tenha vivido a sua vítima, é uma experiência de vida tão intensa que não consegue ser digerida de golpe e tem pelo menos cinco estágios na sua evolução com mudanças progressivas de tolerância e resignação:

Esses estágios são:
- Negação: "Isto não pode estar acontecendo".
- Raiva: "Por que eu? Não é justo".
- Barganha: "Deixe-me viver apenas até ver os meus filhos crescerem".
- Depressão: "Estou tão triste...".
- Aceitação: "Vai tudo ficar bem", "Eu não consigo lutar contra isto, é melhor preparar-me".

Quem trabalha como médico convive frequentemente com essas "mudanças de fase", como se a nossa vida fosse um grande videogame, que devemos jogar como se fôssemos viver para sempre, no limite implacável da dignidade e da persistência, mesmo sabendo que não vamos.

A participação do medo é fundamental na autenticação do ser humano, porque retira dele tudo o que não seja rigorosamente essencial, e, na transparência, nos revelamos. E muitas vezes nos descobrimos como indivíduos tão piores, que podemos demorar um longo tempo para nos reconhecermos e, com muita benevolência, depois de tudo, nos perdoarmos.

E por fim o imprevisto. Para provar que somos menos maravilhosos do que gostaríamos, precisamos revisar as atitudes pela espontaneidade, e a crer mais no improvisado, e quase nada no discurso preparado com tanto esmero, que deixa a certeza de ter sido escrito por outra pessoa. Na mesma direção, devemos desconfiar das autobiografias, confrontando-as sempre com as não autorizadas.

Essas 75 crônicas incluem histórias de generosidade pura, ilimitada e silenciosa, como devem ser as verdadeiras.

Reflexões sobre o presente e o futuro da profissão foram consideradas obrigatórias por quem está completando cinquenta anos de atividade médica, vividos no limite da intensidade e da paixão.

Também está presente o cômico, este ator indiscreto, sempre espiando o que possa haver de divertido em qualquer circunstância. Na maioria das vezes ele é apenas descontraído, outras, francamente cruel.

Há histórias de gratidão, o mais nobre dos sentimentos, sem o qual não sobreviveríamos; e de desconsideração, dos ingratos que agem como se fosse possível passarmos pela vida sem que alguém, em algum momento, nos tenha estendido a mão.

E por fim nos sentimos redimidos com as histórias da inocência, que fez parte da vida de todos nós, porque é assim que nascemos, mas que vai se perdendo, em nome da sobrevivência em um mundo marcado pela competitividade e hipocrisia.

Não leia este livro para saber como ele termina, mas para descobrir em qual história, dessas soltas por aí, você se encaixa melhor.

A inocência que perdemos

É CLARO que a vida nos ensina a sermos mais sábios, mas é discutível que este progresso compense integralmente o tamanho da perda que resulta da morte gradual da inocência. É uma pena que aquela pureza ingênua tenha mesmo que ficar restrita a uma fase da vida, e que a inocência acabe atropelada pela descoberta de que a sinceridade absoluta é incompatível com as relações civilizadas, e que alguma hipocrisia é indispensável no convívio social. Mas voltemos à infância, quando ainda não sabemos disso. Se os pais se deslumbram com as façanhas dos filhos, que ao descobrirem a palavra produzem pérolas diárias, é fácil imaginar o que ouvem os pediatras, que são os privilegiados assistentes das manifestações mais espontâneas e criativas desses seres humanos em formação, inesperadamente confrontados com uma realidade nova, injusta e assustadora: a doença.

 O Felipe é o primeiro filho de um casal jovem que levou para o hospital a retaguarda poderosa de um quarteto de avós de primeira viagem. Quando cheguei para a visita pré-operatória, o Felipe, com seus cinco aninhos, parecia o mais tranquilo do pelotão, uma espécie de homenzinho precoce, rodeado por adultos inseguros e alarmados, todos com o choro engatilhado. Menos ele.

A mãe se antecipou explicando o que este estranho estava fazendo ali. Depois que ela anunciou que "este tio é quem vai cuidar do teu dodói", ele largou uma miniatura vermelha da Ferrari e me encarou com uma carinha de "diga lá".

Tendo ouvido a descrição do que ia acontecer, numa linguagem cuja compreensão ele confirmava com uma sacudida frequente da cabecinha, seguia me encarando com seus grandes olhos acinzentados, e então fez a pergunta mais inesperada: "E você sabe fazer tudo isso?". Só uma criança para reunir numa única frase esta mistura tão rica de curiosidade e admiração.

Já o convívio com o Marcelinho começou mais complicado, porque a situação em que foi trazido para uma cirurgia de urgência com infecção grave de pleura transferiu nossa primeira conversa para o segundo dia de internação. Enquanto esperava que o analgésico desmanchasse a carinha de dor, tentei uma aproximação que não engrenava. Querendo forçar um vínculo, contei que eu tinha um netinho da idade dele, ao que prontamente respondeu: "Pois saiba que o meu avô é muito mais bonito que você!".

O que dá mais encanto a esta encantadora etapa da vida é a criatividade, ainda mais quando utilizada instintivamente, em nome da sobrevivência.

Um colega médico, levemente distraído, veio do Vale do Sinos para um jogo no Olímpico acompanhado do filhote de cinco anos. Na empolgação da partida, incluindo a reclamação pelo pênalti não marcado, percebeu, de repente, que a cria já não estava do seu lado. Sem saber o que fazer, completamente aturdido, foi acalmado pelo alto-falante do estádio: "Temos aqui na cabine da Rádio Gaúcha um menino muito loiro que, quando perguntamos o nome, ele disse que é Dudu, que o pai se chama Doutor, e a casa dele é em outra cidade. Então, Doutor, fique tranquilo, ele está aqui com a gente!".

Uma história maravilhosa, atribuída a Gabriel García Márquez, relata a aventura de um menino de seis anos que passeava com mãe numa grande feira de rua, em Bogotá, quando perdeu o contato com ela, e na tentativa de facilitar a busca, interpelou um velhinho que picava fumo com o que lhe pareceu uma descrição útil: "O senhor por acaso não viu uma senhora de casaco azul, sem um menino assim como eu?".

A esperança nunca desiste

FOMOS CONCEBIDOS para esperar e, dependendo do nosso teor de credulidade, passamos a vida fazendo isso; alguns, apenas isso.

Esperamos que tudo dê certo, que a dor passe, que o amor volte, que o patrão valorize nosso trabalho, que o filho nasça sadio e depois cresça com boa cabeça e faça sucesso, que fale dos pais com orgulho, que aprenda a amar a quem o ame, e nunca, mas nunca, morra antes da gente.

Esperamos que o nosso time seja campeão, que o país melhore, que os hipócritas se cansem, e que os dirigentes eleitos façam por merecer. Que envelheçamos com saúde e, quando não for possível evitar a biópsia, que a lesão seja sempre benigna.

Esperamos com angústia que o motor não apague na avenida alagada, e que os dois tipos que se aproximam da janela quando estacionamos o carro no meio-fio sejam apenas brasileiros honestos em busca de uma informação inocente.

Esperamos que Deus use critérios mais compreensíveis de seleção de quem mereça viver, e nos poupe da perplexidade de ver pessoas maravilhosas morrendo em acidentes estúpidos, enquanto os canalhas envelhecem com os cabelos de uma cor que não existe na natureza e com o sorriso assimétrico do botox.

Esperamos que o cinismo seja banido, que a sinceridade prospere, e que as pessoas tenham sensibilidade de perceber que é preferível o tosco sincero ao diplomata mentiroso. Esperamos que os nossos amigos sejam complacentes, relevem nossos rompantes e perdoem as nossas intransigências e grosserias, e em troca prometemos acreditar que eles também melhorarão, mesmo que isto signifique modificar o caráter, e saibamos desde sempre o quanto esta promessa é impossível.

No desespero somos capazes de jurar generosidade no futuro, que convenientemente começará no instante dessa nossa última promessa. Ou seja, agora.

É difícil quantificar o significado da esperança na vida de alguém, mas, dependendo das circunstâncias, pode ser o mais poderoso dos nossos frágeis sustentáculos e que, quando todo o resto se esvai, se transforma apenas numa tênue fibra que mantém o alento balançando sobre o precipício, entre o improvável e o delirante, e que na doença grave, muitas vezes, se apoia no nosso último baluarte do socorro: o milagre divino.

O João Afonso, um parceiro de toda a vida, era ateu assumido, estava morrendo de câncer e sentia muita dor. Fui visitá-lo e, ao vê-lo sofrendo, com a doença disseminada nos ossos, me dispus apenas a ouvi-lo, pela mais triste das razões: eu não sabia o que dizer.

No fim ele me consolou: "Calma aí, seu chorão. Ainda não terminamos por aqui. Vou te contar uma novidade: ontem uma freirinha passou por aqui e me deu esta oração de Santo Expedito, e você não vai acreditar, mas quando acordei, de madrugada, com muita dor, tomei dois comprimidos de morfina e vi que a oração tinha ficado embaixo do copo d'água. Como não sei rezar, resolvi lê-la, e juro que a dor passou muito antes do tempo que a morfina demora pra funcionar. E sabe que me deu uma esperança? Deste tamanhinho, mas, ainda assim, a MINHA esperança!".

A arte de se proteger

A PRIMEIRA impressão que se tem, acompanhando as redes sociais, é que há um compartilhamento geral da vida dos envolvidos, nominados como seguidores, e que por serem assim, camaradas, têm acesso a todas as informações do outro, cuja vida passou a pertencer ao condomínio dos curiosos. Todos rotulados como amigos, como se a amizade pudesse ser banalizada.

Passando os olhos pelos comentários que seguem a qualquer relato, se percebe que a maioria é constituída por fofoqueiros desqualificados, feito juízes implacáveis sob a toga da hipocrisia, protegidos pelo escudo da invisibilidade que lhes permite emitir opiniões fortes, que lhes escorreriam às calças se tivessem que dizê-las cara a cara.

E por que não há mais revolta por parte dos agredidos? Porque mesmo o mais tolo dos exibicionistas seleciona para divulgar apenas as trivialidades, essas mentirinhas idiotas que alguns usam para fazer parecer que são mais interessantes do que de fato são.

Que esta exposição vulgar e desnecessária não tem nenhum significado afetivo já se sabe desde que se percebeu que quando alguém pretende materializar as ofertas de amizade, sugerindo um encontro formal, há uma debandada geral, como a afirmar que você pode ter 5 mil "amigos" cadastrados, mas terá, com sorte, uma meia dúzia que convidaria para jantar, misturar um vinho com histórias de afeto e, no máximo da intimidade, compartilhar o silêncio da reflexão.

Esses amigos do vinho e do silêncio confortável estão em outro compartimento, que a gente deve proteger com paredes blindadas e senhas criptografadas.

Com eles podemos dividir tudo ou quase tudo, e, se decidirmos omitir alguma informação a nosso respeito, eles entenderão, porque amigo não se melindra e sempre entende que existem razões para a privacidade.

O Juliano era um cara do bem, pouco chegado a superlativos, na empresa, na ambição e na vida. De origem humilde, envelheceu preocupado que a família pudesse ter dificuldade de sobreviver à sua ausência. Talvez tenha percebido que sua prole era daquele tipo que acha que tudo que puder ser no cartão e, em várias parcelas, é barato.

Tendo descoberto uma bomba-relógio dentro do peito, seguiu fazendo tudo o que pudesse fazer, sem aparentar sofrimento. Quando chegou ao limite, me confidenciou: "Este segredo está me atormentando e acho que podes me ajudar! Quando me descobri doente, senti que ainda teria algum tempo, e proteger minha família da notícia ruim me pareceu adequado. Agora, na reta final, não quero ninguém com pena de mim. Curioso é que, à medida que o tempo foi passando, fui perdendo o medo de morrer, e o meu único desejo secreto seria apenas espiar o dia da minha morte, com um enorme receio de descobrir que minha família possa chorar menos do que chorou pela Ludi, uma poodle fofinha que tivemos. E aí, conto ou não conto? Pensei em dividir contigo esta dúvida, mas agora, só de te contar, me decidi: deixa estar. Como eles não podem me ajudar, não merecem o castigo de sofrer com antecedência. Além disso, eu também ainda não me recuperei da falta que sinto da minha poodle!".

A delicadeza no sucesso pode ser falsa

PROVAVELMENTE NADA é mais ingênuo do que se referir a alguém como estando muito mudado. Como se fosse possível! Porque o máximo que conseguimos é tentar refrear a resposta impulsiva, capaz de revelar como de fato somos. E isto às custas da sempre dolorosa contenção dos ímpetos, ou seja, do abafamento das chispas do nosso núcleo duro através do processo difícil e infindável da educação continuada. Alcançar a condição de socialmente agradável é um dos mais complexos e penosos exercícios civilizatórios, porque exige doses indispensáveis de sensibilidade, inteligência, empatia, amabilidade e, que pena, hipocrisia. Não a hipocrisia ostensiva que agride, mas aquela sutil que bloqueia a exposição da super sinceridade, esta sim, absolutamente incompatível com o convívio social sofisticado. Não bastasse o trabalho para se disponibilizar todos esses atributos, ainda há que mantê-los ativados, o que multiplica a dificuldade, dada a frequência com que, por distração ou cansaço, sem querer, deixamos transparecer o que preferíamos ocultar.

Isto ocorre com grande frequência na sala de cirurgia, um cenário clássico, onde desfilam os auxiliares sempre relaxados para debater os lançamentos da Netflix, e o chefe, mais concentrado, menos tolerante a ruídos paralelos e, por alguma curiosa razão biológica, com mais calor. Na minha experiência, esta situação de responsabilidades heterogêneas é um verdadeiro laboratório de comportamento humano, porque o humor naturalmente oscila à medida que o procedimento avança, as escolhas são feitas, e espera-se que as melhores decisões sejam facilitadas pela experiência do cirurgião, para afinal se alcançar o estágio recreativo, quando a sala fica mais ruidosa e a temperatura ambiente mais agradável.

Pois é exatamente neste percurso de exigências variadas e imprevisíveis que algumas vezes deixamos de aparentar e, completamente desprotegidos, somos. Esta hora pode ser cruel com os falsos gentis que, sob tensão inesperada, esquecem de segurar a máscara da gentileza, que despencando os revela toscos e primitivos. Na Clínica Mayo convivi com o professor Spencer Payne, um dos maiores cirurgiões torácicos americanos do século XX, um modelo de objetividade técnica e de serenidade no campo cirúrgico, que me propus a imitar e foi uma pena que não tenha conseguido. Contrariando a tendência de ser cordial quando tudo está bem e agressivo quando não, ele parecia mais gentil durante as complicações. E impressionava o quanto a espontaneidade da gentileza sob tensão era o requinte de uma personalidade naturalmente afável e doce.

Numa manhã de sábado, reoperamos um menino de sete anos, e a abertura do tórax confirmou que falhara a última tentativa cirúrgica de substituição do esôfago queimado por soda cáustica. Enquanto eu pensava que esbravejaria naquela situação desesperadora, ele agradecia todos os pequenos gestos dos auxiliares e fechou a pele até o último ponto, o que usualmente era tarefa dos residentes.

Compadecido pelo sofrimento do Mestre, que dias antes comentara o quanto gostava daquele garoto, encontrei-o no vestiário com olhos vermelhos, e no afã de confortá-lo disse que tinha ido para a Clínica Mayo por causa dele, e que agora, quando voltasse para o Brasil, eu poderia contar que tinha descoberto um Spencer Payne ainda melhor do que aquele que encantava o mundo nos livros e congressos.

Dois latinos teriam se abraçado, mas ele ao menos assoou o nariz antes de dizer: "Nós erramos muito. A única coisa que pode nos redimir é deixar que os outros percebam o quanto sofremos com isto".

A delicadeza no sucesso pode ser falsa, sim. No fracasso, não.

A ordem natural das coisas

A MORTE dos pais, além de eliminar as nossas referências afetivas mais antigas e mais sólidas, ainda traz um recado: como a fila andou, a ordem dos personagens tem que se modificar. E vários relatos apontam a mudança na linha de frente, como uma experiência que pode ser considerada sutil, mas é sempre desagradável. Quando assumida com a naturalidade que só as crianças conseguem imprimir, o modelo parecerá muito mais didático.

A mãe de um amigo querido, com 71 anos, era uma mulher ativa e aparentemente saudável, que se mantinha trabalhando, quando foi fulminada por um infarto e morreu diante de seus funcionários, durante uma reunião administrativa. Perplexos com a terrível perda, instalada sem preâmbulos, e sacudidos por uma nova realidade, com a dor do nunca mais tendo que ser elaborada de improviso, meu amigo, a esposa e dois filhos pequenos voltavam do cemitério naquele silêncio que mistura dor, pasmo e soluço.

No banco de trás, não havia lágrimas. Só incompreensão. E então, o silêncio constrito foi quebrado com a descoberta do caçula que, na inocência dos seus cinco aninhos, anunciou: "Bom, agora primeiro vai o pai, depois a mãe, depois o mano e só depooois que vou eu!". Dito isso, com aquele enorme estoque de dura realidade, liberado assim de supetão, voltou ao silêncio.

O primeiro encontro com a morte, que é chocante em qualquer idade, na infância nunca é completamente entendido, o que justifica que horas depois do enterro as crianças voltem às brincadeiras usuais. E não há nada de errado nisso. O luto é mesmo elaborado com os sentimentos que temos, sem dissimulações, e permite até decoração com recursos cênicos, ou com cantorias em diferentes civilizações, ou, ainda, num modismo mais recente em nossa cultura ocidental, com uma calorosa salva de palmas.

Uma tarde, meu passeio no gramado de um enorme parque municipal em Nassau, nas Bahamas, foi interrompido pela chegada de um cortejo fúnebre. Enquanto o féretro avançava numa charrete puxada por um único cavalo, a multidão formava uma concha, todos de mãos dadas, entoando blues, com aquela voz linda que só os negros têm. O tom mais agudo da cantoria anunciou a proximidade do sepulcro, e então a concha se fechou formando um círculo. Todos seguiam cantando e chorando. Queria ter cantado, mas só chorei, por pura solidariedade, sem nem saber quem estava no centro daquele choro.

Quando, no início de março, minha mãe adoeceu de morte, resolvemos, para afastar as queixas de cansaço e dor, explorar a sua paixão musical. Então, selecionamos as músicas que ela mais gostava, dando ênfase ao bandolim, instrumento que ela tocara na juventude. Por isso "Naquela mesa", uma homenagem do filho ao pai, Jacob do Bandolim, com a Zélia Duncan, fazia parte obrigatória do nosso roteiro musical. A primeira metade desse arranjo, que dura 4m16s, é apenas instrumental, e ela me confessou que bastava fechar os olhos para ser transportada para uma época em que a morte estava fora de cogitação. A sua música preferida, "A noite do meu bem", de Dolores Duran, que tinha que ser cantada pela Ângela Maria, encerrou com emoção a cerimônia de despedida em seu velório.

E guardei-a como uma doce reserva técnica para o tempo que durar a necessidade de chorar, de vez em quando.

As melhores justificativas pra se viver

CADA VEZ mais a sociedade ocidental tem abdicado das tarefas da paternidade, confessando que considera irresponsável ficar jogando criaturinhas no mundo sem saber o que este mundo fará com elas. Muitos homens alegam não ter condições de criar filhos nas décadas recomendáveis e, adiante, ao alcançarem a estabilidade econômica, trocam o discurso e assumem que depois de tanto esforço parece justo que pretendam aproveitar a vida sem o peso de uma prole que demora, em média, três anos só para aprender que comer e dormir tem hora certa.

A emancipação feminina, em muito estimulada pela competitividade no mercado de trabalho, transferiu a iniciativa da maternidade para a etapa final da fertilidade, e então, por razões biológicas, emocionais ou de simples inércia, muitas mulheres renunciam ao instinto mais antigo, o da procriação.

Não cabe nenhum julgamento, até porque cada um sabe de si, mas não resisto a pensar na solidão e escassez de propósitos de quem envelheceu sem prole. E, mais ainda, que esta desistência não envolve só a geração dos filhos, ela vai mais além, eliminando a camada seguinte de descendentes, que é a mais doce e espontânea e que, por ser maravilhosamente descomprometida da ideia cansativa de educação, não reconhece outra moeda de barganha que não seja o afeto. Dá pena pensar em quantas pessoas que disso nunca saberão.

Foi só no que pensava voltando de Vacaria, onde durante três dias acompanhei a iminência da morte da minha mãe. No pior momento, quando pareceu que o coração pararia a qualquer instante, saí do hospital acompanhado do João Pedro, meu neto mais velho, e conversamos sobre o quanto é doloroso perder uma mãe, e que eu precisava dormir um pouco, e muito dar uma chorada. Meu gurizinho amoroso, vendo meu sofrimento, me abraçou, e choramos juntos. Ele não chorava a proximidade da morte da bisavó, com quem pouco conviveu. Ele repartia em lágrimas a dor do avô. Um desses choros tão bons de chorar, que nos deixam a sensação de que seria uma enorme gentileza da vida se ela pudesse dar um reset e se permitisse recomeçar daquele ponto.

Três dias depois, a mãe iniciou uma melhora meio surpreendente, e, depois que deixou claro que desistira de morrer, anunciei que voltaria a Porto Alegre para operar dois casos graves, que me angustiava transferir. Foi então que o Zé Eduardo, meu neto menor, na inocência dos seus dez anos, protestou: "Mas então, o que adianta a gente torcer para a bisa melhorar, se daí o meu avô vai embora?".

Estes presentes são a mais generosa compensação de quem arriscou espalhar genes pelo mundo e não teve medo de plantar incertezas, confiando que um dia, através deles, a vida justificaria termos existido.

Histórias soltas por aí
(à espera de alguém)

CLARO QUE viver em sociedade é bom, desafiador e estimulante, mas o lado negativo é que a vida, na grande urbe, corrompe a pureza. E não há nada mais comovente do que um velhinho carregando a inocência de criança. Conheci o Juventino na meia-idade, nos anos 90, quando operou um câncer de pulmão e, depois de cinco anos de consultas periódicas, desapareceu.

A sua história de vida era um clichê desta grande legião de colonos imigrantes que vive no interior dos municípios do interior: ele nasceu, cresceu, casou e teve cinco filhos, com a dimensão de mundo moldada pelos limites sociais da roça.

Certamente a prole se sentiu sufocada pela falta de perspectivas e debandou. Três de seus filhos ele não via fazia mais de dez anos.

Repartiu com a esposa a solidão de filhos dispersos, mas ela, depois de 49 anos de casamento, morreu de um tumor de mama. Foi então resgatado pelo filho caçula ("Este guri sempre foi o mais apegado") para viver com ele em Porto Alegre. Tocante vê-lo contar a história do filho que saiu da grota aos dezesseis anos e que agora tinha até uma casinha dele, "uma dessas casas empilhadas da cidade grande", e que lhe colocava no olho aquele brilho inconfundível de orgulho paterno.

Nosso reencontro ocorreu depois de uns vinte anos, quando, já morador da capital, agendou uma consulta. Tinha sido trazido pelo tal filho que o deixou no consultório com a promessa de apanhá-lo mais tarde. Demorei a reconhecê-lo, tão velho me pareceu. Tudo por culpa do encurvamento que lhe roubou sete centímetros e da cara sulcada, carregando muitos dias de sol na lavoura, que nem a máscara escondia completamente.

Quando quis saber no que podia o ajudar, ele logo avisou que desta vez não havia nada para operar, mas tinha um problema muito sério e precisava se aconselhar comigo. Desde que mudara pra cidade grande tinha muito pouco o que fazer. Então arrumava as camas, limpava tudo e, no final da tarde, preparava uma jantinha que "aprendera com a patroa velha", esperando o filho chegar.

E então a parte que ele mais gostava: as histórias que o filho lhe contava durante o jantar. "Era como se eu tivesse andado com ele o dia inteiro, um colosso!" Acontece que, um dia desses, ele resolvera dar um passeio na cidade grande e se deu muito mal. "Eu só queria ter alguma coisa pra contar na hora da janta, e acabei dando um baita susto no menino, que até a polícia chamou para me encontrar!"

"Preciso que o senhor me ajude a convencê-lo de que não foi culpa minha. O pior é que eu não posso contar que já saí outras vezes e que nunca teve problema porque eu sempre andava em linha reta pra facilitar a volta!"

"Mas o que aconteceu dessa vez, que não deu certo?"

"Ah, doutor, é que eu resolvi dar uma dobradinha na esquina e marquei o carrinho do pipoqueiro para saber onde desdobrar na volta. Foi meu erro, tinha que ter marcado uma coisa parada, e quando voltei, acho que o filho da mãe tinha ido embora! E então fui andando, andando, e quando as casas foram se achicando, bateu um desespero, porque me dei conta que estava perdido."

Resolvi brincar com ele: "E o senhor o tempo todo de máscara, seu Juventino?".

"Mas bah, doutor, morro de medo do tal corona, mas o senhor tem que me ajudar é a acalmar o piá que mal fala comigo há uma semana!"

"Olha, Juventino, se o teu filho souber o quanto gostas de ouvir as histórias dele e que estavas só tentando retribuir, com medo de que ele cansasse de falar sozinho, o coração dele vai derreter, porque o meu já derreteu!"

Pela primeira vez sorrindo, ele avisou: "Se não funcionar, eu volto aqui!".

Dez dias depois ainda não tinha voltado. É certo que deu certo.

O cumprimento do dever

TODA A crítica avulsa deveria ser precedida por uma prestação de contas. Ou construímos o direito de criticar, ou vestimos o silêncio, ele disfarçará melhor o real tamanho que temos.

O dever é a grande obrigação moral do ser humano, primeiro consigo mesmo e, em seguida, com os outros. O dever é a lei da vida. E ele é muito difícil de ser cumprido, por se achar em antagonismo com as seduções do interesse, do comodismo e da emoção. Mas o que melhor o define é a intolerância às justificativas para descumpri-lo. Não aparecem testemunhas de suas vitórias, mas estão sujeitas à reprimenda as suas derrotas.

Ainda que, como todos os sentimentos, tenha um componente intrínseco com fortes implicações genéticas, o culto ao dever é um dos atributos da educação e, portanto, deve ser ensinado. E nesta questão, como sempre, o exemplo é mais didático do que o discurso.

À medida que envelhecemos, surge espontaneamente a necessidade de inventariar o que fizemos, e quem dera isso trouxesse algum regozijo, que infelizmente será sempre menor do que pretendíamos, mas identificará as fontes de sabedoria que nos ajudaram a ser como somos, e por elas nunca seremos suficientemente gratos.

Um dia, fazendo um resumo do meu tempo na Clínica Mayo, ficou claro que as maiores lições não estavam nos livros, nunca estiveram.

Rochester, Minnesota, uma pequena cidade do meio-oeste americano, permitia que o professor Spencer Payne, chefe da cirurgia torácica, morasse em um condomínio de sessenta hectares, a três quilômetros do hospital. Lá, ele compartilhava espaço, cavalos, açudes e um pequeno bosque com um pneumologista, seu cunhado, e um engenheiro, cerca de vinte anos mais jovem e seu amigo muito querido. Um dia, enquanto tocávamos uma agenda cirúrgica cheia, ele recebeu a trágica notícia de que esse amigo, apaixonado por canoagem, morrera afogado nas cabeceiras do rio Mississippi, no norte do estado. Como o corpo do amigo chegaria apenas no final da tarde, ele seguiu operando, num esforço visível. Terminada uma operação, se refugiava no vestiário, de onde voltava ao chamado do interfone e recomeçava seu trabalho. Enquanto se lavava para a última operação, percebi, pela primeira vez, que ele era um homem velho, pelo menos para os meus padrões na época, e compadecido com seu sofrimento macroscópico, me ofereci para substituí-lo. Ele agradeceu e me deu a maior lição gratuita de senso do dever: "Obrigado, meu doutor, mas se eu cumprir toda a agenda deste dia, hoje à noite só vou lamentar a morte do meu amigo".

À medida que o tempo, este cruel triturador da memória, vai empurrando para o horizonte longínquo a figura nunca substituída do nosso pai, nos socorremos da saudade, última guardiã a preservar viva a lembrança das lições que construíram o modelo do que poderíamos ter sido, e, se não somos, algum dever negligenciamos.

Então, acessemos o túnel do tempo, retrocedamos vinte anos, e vamos reencontrar meu velho pai, que está na UTI onde permaneceu por dois meses e meio, sobrevivendo à sepse peritoneal, embolia pulmonar e infarto do miocárdio. Está lúcido e, como sempre, otimista. Ao abraçar o Décio, meu irmão mais moço, seu parceiro na fazenda, perguntou de cara: "E daí, meu filho, comprou a semente pra lavoura?".

Meio indignado, eu perguntei: "Mas pai, por favor, o que o senhor quer saber de lavoura?".

E ele tinha a resposta pronta: "Ué, se o velho morrer, pelo menos deixou plantada!".

Muita saudade é o único jeito de assegurar a eternidade desta lição.

E haja disponibilidade

MARIO RIGATTO e Adib Jatene eram tipos humanos especiais. Além de grandes mestres, eram pensadores sábios e generosos, com direito adquirido de serem implacáveis vez por outra. Numa conferência na Academia Nacional de Medicina, falando sobre formação médica, evoquei-os para apontar dois pré-requisitos essenciais a esta maravilhosa profissão. Rigatto assegurava, com toda a convicção, que "ninguém consegue ser um bom médico sem antes ser uma pessoa boa". Já Adib valorizava muito a disponibilidade: "Sempre repito aos meus filhos que o indisponível nunca será um bom médico!". Eu não saberia dizer qual desses atributos é o mais importante, mas tenho certeza de que não podemos prescindir de nenhum deles.

Uma noite testei involuntariamente a disponibilidade, esta virtude pouco aclamada, mas que considero essencial em qualquer atividade e muito especialmente na medicina, a ponto de jamais encaminhar pacientes para colegas que sei competentes, mas que nunca estavam no lugar quando precisei deles.

Mas voltando à história que motivou esta crônica: foi uma ligação fora de hora, com uma voz talvez reconhecível, se houvesse mais tempo para investigar. Surpreendido com o inesperado da chamada, sem procedência identificada, soltei um: "Alô!".

"Dr. Camargo, o senhor está bem ou meio gripado? Sua voz parece meio rouca!" (Veja que grande potencial clínico para a telemedicina, visto que faz diagnóstico só com um alô.)

"Estou bem, mas acontece que recém acordei, estou em Berlim, e aqui são três horas da madrugada!"

"Que bom que o senhor está bem, porque eu tenho uma pergunta bem rápida: um cirurgião que trabalha com o senhor, e que sempre esqueço o nome, me pediu uma tomografia para a minha *revisão daqui a seis meses*. O senhor acha que esta tomografia deve ser com ou sem contraste?"

Com a vontade de voltar a dormir maior do que a irritação de ter sido involuntariamente acordado por uma bobagem, fiz a pergunta indispensável: "O senhor tem algum problema nos rins?".

"Não. Deusulivre!"

"Então é melhor fazer COM contraste."

"Obrigado, doutor, estimo melhoras!"

"Obrigado pra você também!" E foi um alívio voltar a dormir!

Talvez o grande problema da disponibilidade seja a definição do limite. No inverno passado, entrei no elevador com uma velhinha, simpática e sorridente.

"Nem acredito, encontrá-lo no elevador! Não perco uma das suas crônicas no sábado!"

"Que bom, muito obrigado pelo carinho!"

"Posso lhe pedir uma coisinha bem rápida?"

"Sim, pois não."

"Tem luz no seu celular?"

"Sim, claro!"

"Será que o senhor podia dar uma olhadinha na minha garganta, que anda me incomodando?"

Antes que eu pudesse responder, a bocarra já estava escancarada. Sem alternativa, dei uma espiada rápida. Quando a porta do elevador abriu, não senti nenhuma vontade de explicar àquele povo que esperava para embarcar o que a lanterna do meu iPhone fazia esparramada na amígdala esquerda daquela vozinha que não perde uma crônica minha no sábado. E saí caminhando pelo corredor, encantado com a minha própria disponibilidade. Claro que foi uma consulta bizarra, mas como estabelecer o tal limite se a amígdala da vozinha não tem hora pra incomodar?

Coragem para ser otimista

"Na era da informação, a invisibilidade é equivalente à morte."

ZYGMUNT BAUMAN

É SEMPRE recomendável que mantenhamos a racionalidade na ambição, para que o sonho, tão imprescindível em qualquer conquista, não corra o risco de abraçar o delírio. Ainda que seja preferível o utópico ao pessimista, porque sem acreditar que podemos, quem mais acreditará? O pensamento positivo é o ponto de partida para que qualquer ambição pessoal se realize e possamos festejar o reconhecimento profissional, este que é a láurea máxima que se reserva, com justiça, aos persistentes.

Envelhecer prestando atenção nas pessoas e seus comportamentos, saudáveis e previsíveis, ou bizarros e surpreendentes, ensina muitas coisas, mas talvez a lição mais importante seja a descoberta de que somos, em escala individual, do tamanho dos nossos sonhos, e que não resolve transferir aos outros a culpa pela vida mirrada, que resultou da ausência de um projeto claro que priorizasse objetivos e dependesse o mínimo possível da sorte.

A busca de afirmação impõe alguns predicados como determinação insubmissa, resistência tenaz para conviver com os inevitáveis fracassos, coragem para manter-se no comando, vontade para atropelar a acomodação e a preguiça, e otimismo para acreditar que tudo vai melhorar, mesmo quando pareça que não. Sem estes atributos restarão estas figuras frágeis que, tendo ouvido que suas pretensões eram impossíveis, assumiram um passo trôpego, só para confirmar que eram mesmo.

Uma parte importante do prazer que sinto em conviver com jovens estudantes está nesta sensação euforizante de se perceber ajudando a quem nem sabe ainda o quanto está precisando. E poder ensiná-los a nunca desistir, e então, de repente, aprender que os nossos modelos são apenas modelos nossos, e que ninguém precisa deles para construir uma felicidade que não tem nada a ver com a nossa. A instantaneidade da informação, disponível por infindáveis vias de acesso, obrigou o professor a esquecer os conteúdos ensaiados e a priorizar a inquietude do entendimento. Compartilhar com eles as nossas certezas imediatamente transformadas em dúvidas é o fruto bem-vindo da celeridade da informação, que se festeja como novidade, sem suspeitar que no encontro seguinte poderá ter sido ultrapassada neste mundo que Zygmunt Bauman chamou de líquido e que, como tal, escorre entre nossos dedos, incapazes que somos de retê-lo.

Vê-los deslumbrados com o novo que se renova cria nos mais velhos a ansiedade de quem gostaria muito de contribuir para que nossas crias sejam felizes. O problema é que sempre pensamos a felicidade do nosso jeito, e eles muitas vezes nos encaram como quem nem sabe do que estamos falando. Talvez ensinar-lhes a confiar eticamente nos seus instintos, preservando a coragem de ser otimista, seja mesmo o nosso maior legado. O resto virá do jeito que tiver que vir. E bem ao gosto de quem acredita em Deus.

A frágil blindagem da dissimulação

A CAPACIDADE de adaptação dos animais é determinante da qualidade de vida e, para muitos deles, ao longo dos séculos, de sua sobrevivência. O homem, que além do instinto comum às outras espécies ainda tem a inteligência, aprendeu a arte da dissimulação de modo a ser poupado, por pudor ou escrúpulo, de limitações físicas ou emocionais que revelem alguma fragilidade. A propósito, qualquer condição que gere no portador a sensação de inferioridade em relação aos seus pares deve significar o direito à ajuda, dentro do moderno conceito global de saúde.

Até dois por cento da população branca nos Estados Unidos tem hiperidrose, ou seja, a tendência a suar desproporcionalmente. Mãos, pés e axilas são os locais mais afetados. Existem vários tratamentos alternativos, inconstantes, caros e fugazes, e também a simpatectomia torácica – um procedimento ambulatorial definitivo, feito por vídeo, em que se secciona uma cadeia de glândulas que cursam junto à parede interna do tórax e que são responsáveis pela regulação do suor em diferentes regiões do corpo. Cerca de cinquenta por cento dos pacientes operados referem um período de suor compensatório nas costas e na barriga, às vezes nas pernas, que desaparece depois de algumas semanas. Nos pacientes com sobrepeso, este para-efeito pode persistir e, em função disso, esses indivíduos são incluídos nas contraindicações. O índice de satisfação dos pacientes, aferido pela afirmação de que repetiriam o procedimento, é, em todas as séries, maior que 95%.

A maioria dos pacientes tem entre quinze e vinte anos, porque é nesta fase da vida que aumentam as chances de interações físicas da juventude, o que implica em constrangimento pela descoberta da disparidade. Como era de se prever, há um perfil comum nesta população: são jovens tímidos, retraídos, envoltos por uma blindagem de antipatia protetora, de quem não tem a menor intenção de distribuir apertos de mãos suadas ou de oferecer abraços calorosos com axilas empapadas.

Mas voltando ao início da crônica: que maravilhosa a capacidade de sobrevivência dos humanos!

Sem nenhuma exceção, todos os pacientes com hiperidrose acabam desenvolvendo alguma estratégia de dissimulação para que os outros não percebam seu problema. E, muitas vezes, a própria família desconhece a extensão do sofrimento, que se pode avaliar pela pressa com que eles querem ser operados depois que descobrem que há solução. Mas, antes disso, cada um convive do jeito que dá, com muita criatividade e uma dose enorme de irresignação. Uma psiquiatra me pediu que lhe secasse as mãos, porque estava cansada do falso carinho de beijar a quem preferia não. Uma garotinha de quinze anos tinha sido banida de uma escola de música porque, mesmo com o cuidado de ter sempre uma toalhinha à mão, o sal do suor emperrava o piano. Enquanto o Gilmar, reconhecendo que suas mãos geladas e úmidas eram apêndices antieróticos nas preliminares, não abria mão de sexo no chuveiro.

O Serginho, na adolescência, apanhava do padrasto porque não conseguia terminar as provas, pois, com a sudorese agravada pela ansiedade, borrava tudo. Contou-me esta história quando veio consultar com 21 anos, decidido a ser operado o mais rápido possível "porque precisava começar a viver!". Quando comentei "que sorte teu padrasto ter mudado de ideia", ele respondeu com desconsolo: "Aquela anta não mudaria nunca. Ele só fez o favor de morrer!".

Aquela frieza era a expressão pura de um ódio construído pela contínua desconsideração do sofrimento. Conversem com sofredores crônicos e descobrirão que poucas vinganças têm igual solidez.

A desconfiança

SE CONSIDERARMOS que somos jogados no mundo sem nenhuma noção de que inimigos vamos enfrentar, nem de que armas precisaremos, a vida será sempre um exercício assustador de tentativa e erro.

E como desembarcamos sem um manual de instruções para cada situação, interagindo com pessoas sempre tão diferentes, não há a possibilidade que se estabeleça uma estratégia de defesa, e fica muito claro que o máximo que podemos fazer é tentar não repetir os erros, na expectativa generosa que a maturidade nos encontre sábios e serenos.

Uma fantasia precoce na vida moderna é que seria muito bom se tivéssemos alguém com quem compartilhar nossas dúvidas ou, idealmente, alguém para copiar. Sem ombros e sem modelos, nosso viver assume ares de um videogame em que estamos eternamente tentando desviar de inimigos impiedosos e traiçoeiros, reais muitas vezes, em outras imaginários.

Sem air bags emocionais confiáveis, saímos de casa todos os dias, de peito aberto ao que o mundo ofereça, de melhor ou pior, e sem aviso prévio.

Os otimistas considerarão que este é o lado mais excitante da vida, enquanto os pessimistas se consagrarão ao verem que tudo o que previram como desastre, desastrou.

O nosso "modelo de fábrica" original traz a desconfiança como único e precário recurso de proteção, e sem saber como utilizá-la, incorremos com frequência no exagero de desconfiar de todos, e é certo que não precisamos chegar a este extremo, porque não é tão raro assim que encontremos pessoas genuinamente boas.

É certo que, se confiarmos muito, algumas vezes nos quebraremos, mas os que desconfiam sempre renunciam à reciprocidade de afeto, e o fim deste caminho é a mesquinhez.

Quem tem tempo de ouvir as histórias ricas que brotam nos ambulatórios pobres descobre formas ainda mais deprimentes de mau-caratismo, como aquele que, não tendo despertado desconfiança, aproveita para prosperar na boa-fé.

Conheci a Marialva quando a operei no final dos anos 90, e então ela era classe média, morava em casa própria com o marido aposentado e tinha um plano de saúde. Recentemente quase não a reconheci ao entrar na minha sala trazida pela secretária com o alerta de que precisava muito me ver, mas não era uma consulta.

"Enviuvei há quatro anos e, uns tempos depois, minha irmã pediu que acolhesse meu sobrinho que arranjara um emprego na capital. Sempre oferecido pra me ajudar, foi assumindo o controle das minhas contas, e no ano passado descobri que ia ser despejada se não vendesse a casa para pagar as dívidas, que nem entendi ainda de onde brotaram. Agora só tenho SUS e moro de favor com uma prima, em troca de cozinhar e limpar a casa. Às vezes penso que foi bom ter ficado sozinha. Se o Anselmo ainda estivesse aqui, eu teria morrido de vergonha dele. Agora estou aqui para ver se o senhor me consegue umas amostras grátis de antibiótico. Qualquer antibiótico!"

Desconfiar de quem não conhecemos parece mais ou menos espontâneo, mas se a questão for dinheiro, talvez seja recomendável desconfiar também, e muito, de quem nos conhece mais, pois esses sabem, como ninguém, nos fazer sofrer.

A dama da lâmpada

"Escolhi estar presente na dor, porque já estive perto de muito sofrimento."

FLORENCE NIGHTINGALE

NESTA SEGUNDA semana de maio, há exatos duzentos anos, nascia, na Itália, Florence Nightingale, filha do milionário inglês William Shore Nightingale, que vivia então em Florença. De volta a Londres, ela teve uma educação primorosa no King's College, e se encaminhava para ser mais uma donzela deslumbrada, reprisando as filhas de famílias ricas da Inglaterra vitoriana. No entanto, como para provar que muitas vezes o destino quebra projetos, em uma viagem ao Egito, visitando hospitais, ela teve despertada a sua vocação para a enfermagem, que à época não era reconhecida como uma atividade digna. No século XIX, os hospitais funcionavam como albergues que recolhiam os miseráveis que adoeciam, enquanto os ricos eram tratados em suas próprias casas, para onde acorriam os médicos chamados para atendê-los. Foi no universo de máxima degradação humana que Florence mergulhou e descobriu o quanto podia ser feito além de simplesmente lamentar a má sorte dos desamparados. Criou uma escola de enfermagem no Saint Thomas Hospital, em Londres, que lhe abriu as portas para ser considerada na posteridade a mãe da enfermagem moderna. A grande guinada na sua vida ocorreu quando, aos 33 anos, se inscreveu como voluntária para cuidar dos feridos da Guerra da Crimeia, um conflito no qual a Inglaterra, a França e a Sardenha decidiram apoiar a Turquia contra a ambição de expansionismo ilimitado da Rússia, e que, em três anos, resultou em milhares de mortos e feridos graves. Com um grupo selecionado de 38 voluntárias, Florence liderou uma política de assistência que priorizava higiene máxima e alimentação adequada dos feridos. Apaixonada por matemática e com noções de estatística, demonstrou que, com esses cuidados básicos, era possível reduzir para três por cento uma mortalidade que oscilava em torno de quarenta por cento. As notícias que vinham do front davam conta do seu heroísmo e, na Inglaterra pós-guerra, foi considerada a segunda pessoa mais famosa, atrás apenas da Rainha Vitória, que lhe agraciou, anos depois, com a maior comenda nacional, a Ordem do Mérito. Numa publicação do final do século XX, Florence foi incluída na lista das cem mulheres que mais contribuíram para moldar a história da humanidade (Rolka, 1994). Num pequeno e delicioso manual, ela escreveu: "Toda mulher, um dia, cuidou de uma criança doente ou de um desvalido. Toda mulher um dia foi, ou será, enfermeira".

Sua biografia confirmou que quem cuida de gente não se destaca apenas pela fita métrica da competência. Florence fez desta maravilhosa profissão a apologia da generosidade e do afeto sempre disponíveis, como quando percorria, tarde da noite, as enfermarias dos hospitais para uma última palavra de consolo, o que lhe rendeu o título de Dama da Lâmpada. O tempo passou, os hospitais se informatizaram, os visores coloridos brilham nas salas de prescrição, mas o reconhecimento dos pacientes acarinhados nunca mudou.

É compromisso da gratidão manter acesa a lâmpada que ela carregava. Enquanto houver quem precise ser socorrido.

Espontaneidade ilimitada

A PROVA de que a espontaneidade é uma condição inata é a sinceridade das crianças, às vezes tão exacerbada que não conseguimos separá-la da crueldade. Um colega meu, avô devotado e companheiro constante dos netos, sempre considerou que participar de todas as atividades deles era o segredo para conquistá-los. Mas um dia desses me confessou ter ficado um pouco chocado com a sinceridade do menor deles, que tinha se tornado imbatível no videogame, a ponto de ficar irritado com a inabilidade do parceiro e perguntado: "Vozinho, você sempre foi ruim assim ou piorou depois que ficou muito velho!?". E, segundo meu amigo, havia mais pena do que reclamação naquele comentário inocente.

Mais adiante na vida, a boa educação recomenda que sejam instalados filtros na interação pessoal, e então percebemos que não há um limite muito claro entre o convício social amistoso e a perda da liberdade de opinião, tão valorizada na mídia quando se propõe expressar ideias que têm opositores, ou seja, aquelas teses que mais valorizamos e que, por consequência, abominamos vê-las contrariadas.

E aqui, como em toda a relação social, deve prevalecer o bom senso, que sempre está em algum ponto do meio do caminho entre o submisso crônico e o supersincero. O primeiro deprime pela incapacidade de expressar uma modesta opinião porque não quer se indispor com ninguém, e tantas vezes dá a impressão de estar em apoplexia fulminante – e é possível que esteja. E o supersincero, reconhecido como um tipo assustador, deve ser evitado, banido e exilado sob pena de comprometer o equilíbrio social de uma comunidade. Este equilíbrio, que se chama cordialidade, é convenientemente construído com doses generosas de amorosidade, simpatia, disponibilidade, sorriso fácil e, claro, de fingimento.

Entre os educados, circulam uns tipos curiosos, que por algumas características culturais preservam a capacidade de dizer coisas que a maioria das pessoas no máximo pensaria, mas não se arrisca a expressá-las. Neste quesito, acho que os nossos imigrantes italianos mais velhos são imbatíveis, porque dizem o que pensam sem nenhum intuito de agredir ou melindrar, mas como uma forma de humor, que pode até parecer tosca, mas é inevitável sentir uma pontinha de inveja de quem não se limita com os tais filtros e consegue substituir o azedume constrito por uma boa risada.

No prédio onde tenho consultório, foi instalado um sistema de segurança com biometria. Certa tarde em que um dos elevadores estragou, a disputa por espaço no remanescente se tornou acirrada. Quando o único elevador disponível aportou no térreo vindo do estacionamento, só havia vaga para uma pessoa, e a moça que organiza o sistema de acesso pediu gentilmente que "aguardassem um pouco o dr. Camargo", porque o sistema estava com dificuldade de ler a minha digital. Finalmente liberado, entrei no elevador de costas e ocupei, constrangido, o espaço que criaram pra mim. E então, quando a porta se fechou, veio lá do fundo o comentário com aquele sotaque inconfundível dos nossos gringos: "Mas será que se tu pagava o condomínio isso não te facilitava a entrada?". Quando a porta abriu no meu andar, no elevador ainda reverberava o efeito da gargalhada geral. Num dos andares acima desceria um tipo com baixo risco de infarto.

A gaveta das coisas imperdíveis

NADA MAIS natural do que repetirmos o que nos dá prazer, e isso faz com que as nossas reminiscências mais carinhosas envolvam um ritual que lembramos com a nostalgia que marcam aquelas vivências que, tendo sido maravilhosas, mereciam ter se materializado, e não ficarem retidas apenas no recesso generoso da memória, esse escaninho ora displicente, ora presunçoso, sempre vulnerável à traição ou à amnésia.

    O retorno aos lugares em que fomos felizes, por significarem uma viagem ao passado, tem este efeito recapitulador das nossas lembranças mais ternas, mas na maioria das vezes não necessitamos de deslocamentos para reativar o que sentimos com a intensidade que merecem as coisas quando valorizamos o significado dos versos de Mercedes Sosa cantando: "por eso muchacho no partas ahora soñando el regreso, porque el amor es simple y a las cosas simples las devora el tiempo".

    Estou cada vez mais convencido de que nada é tão importante para a preservação da dignidade ao envelhecer do que a manutenção, incondicional e intacta, dos nossos afetos antigos. E eles precisam ser periodicamente sacudidos para varrer a poeira do esquecimento, estejam onde estiverem arquivados.

Curiosamente, quando ficamos tristes ou saudosos, e quase sempre os dois juntos, ou um por conta do outro, acabamos lembrando das mesmas poucas pessoas que tiveram significados definitivos em momentos determinantes das nossas vidas e que precisam obrigatoriamente estar reunidos na mesma gaveta, essa das coisas imperdíveis.

O professor Tarantino, sobre quem já escrevi, foi uma dessas marcas da minha vida, e um dia desses encontrei a anotação que guardei depois de um telefonema surpreendente no meio da tarde. "Camargo, descobri que a notícia da minha morte, velho como estou, não surpreenderá mais ninguém, e resolvi tomar providências enquanto ainda estou no comando. Então, anote aí: assim que a minha filha o avisar que morri, tome o primeiro avião e venha para o Rio. Preciso de você falando no meu enterro, porque poucos sabem tanto da minha vida. Se o que fiz não lhe parecer o bastante, exagere. E se ainda achares pouco, minta."

Impossível voltar à Academia Nacional de Medicina e não lembrar, cada vez, da falta que me faz aquela figura doce, irônica e bem-humorada.

Tive com meu pai um ritual de conversas diárias, entre 18h30 e 19h de segunda a sexta-feira, durante o tempo em que saía do consultório e passava no hospital para a última revisada antes de ir para casa. Como o traslado era de no máximo quinze minutos, não havia tempo a perder com introduções. E então, para demonstrar que ele se preparava para a conversa, logo depois do alô ele já desatava a me contar alguma coisa que ele tinha decidido que seria o papo daquele dia. E do que falávamos? De qualquer coisa em que não houvesse espaço para queixas. Viciei de tal maneira no otimismo do meu pai que várias vezes, depois que ele morreu, me vi de celular na mão carente por uma palavra, qualquer palavra, que me ajudasse a acreditar. E doze anos depois, e umas quatro trocas de celular, ainda não tinha conseguido retirar o nome dele da minha agenda.

Até onde ajudar alguém?

As PESSOAS são tão diferentes que ao envelhecer descobrimos que não há modelos comportamentais antecipáveis ou minimamente previsíveis. E justo na fase madura, quando conscientemente ou não começamos a confiar que de comportamento humano somos entendidos, mais estamos expostos a surpresas arrasadoras a desafiar a nossa pretensiosa condição de oráculos da modernidade.

O Julio era um empresário bem-sucedido, se isso significar que ele soube construir uma grande fortuna. Em uma primeira consulta não andamos bem, porque ele estava visivelmente contrariado de estar ali trazido pela mulher para que fizesse um check-up, já que fumara a vida toda. Só começamos a descobrir algumas identidades quando dias depois, ao entrar no consultório, ele ouviu, na música ambiente, *Ne me quitte pas*, na maravilhosa versão da Maysa, e pareceu tão magnetizado que a consulta só começou, de fato, depois dos 3min11s que dura a tal gravação.

A partir daí instalou-se a rotina afetiva de garimpar todas as paixões recíprocas, o que sinaliza que encontramos um amigo potencial e precisamos confirmar as evidências. Com essa base diferenciada, nossa relação migrou para um nível superior, onde imperava a disputa, acirrada e sadia, pela maior expressão de bom gosto, musical, literário ou o que fosse. Como pouco conhecia da sua família, porque passou a vir ao consultório sozinho, não pareceu nem um pouco estranho quando, cinco anos depois, ao agendar um horário, deixou um recado debochado com a secretária: "Diga pro teu chefe que desta vez é sobre uma coisa séria".

Numa radiografia de tórax que fazia parte do protocolo que ele impunha anualmente a si e aos executivos da sua empresa, aparecera um tumor de uns quatro centímetros, sem sinais grosseiros de disseminação. Ouviu em silêncio e com ar de enfaro minhas explicações sobre os exames que teríamos que fazer, inclusive de atualização dos achados pulmonares, porque já se passavam quatro meses da tomografia reveladora da lesão. Tentei mantê-lo animado, porque a chance de cura era bastante boa, e então ele me interrompeu: "Deves estar surpreso pela demora em te procurar, mas na verdade, quando recebi este laudo do radiologista, varei noites sem saber o que fazer, com os olhos fechados para que minha mulher pensasse que dormia. Agora que tomei a decisão mais importante e difícil da minha vida, entenderás que estes quatro meses não significaram nenhuma perda de tempo, só o amadurecimento de uma ideia!".

Selecionou uma imagem ampliada da tomografia que mostrava a lesão e acelerou as palavras como quem quer se livrar logo do peso da decisão: "Se este filho da mãe pretendeu me assustar, errou o bote, ele veio para me salvar!".

Nova pausa: "Li muito sobre câncer de pulmão, confio nele, e sei que ele está pronto para cumprir seu papel, mas infelizmente eu dependo da tua ajuda. Eu quero muito morrer, mas não suportaria que meus filhos soubessem disso. Então tens que me ajudar, dizendo que o meu caso não tem solução. Eles confiam cegamente em ti, e isso ficará como um segredo, o maior segredo entre dois amigos de verdade!".

A maior tristeza é a que veste convicção, e esta me nocauteou. Treinado para sempre escolher a vida, não respondi. Calado, foi como se lhe dissesse: "Não me dê sua mão porque eu não saberia o que fazer com ela!".

Ele deixou o telefone de casa e saiu. Cinco meses depois soube que tinha morrido, e o obituário dava conta de não ter resistido a um infarto fulminante. Todos comentaram com surpresa a sua morte, "porque afinal ele era um homem que nunca esteve doente".

Diante da minha vã pretensão de ajudar, o coração soubera mais como fazer. E sem transferir a culpa para ninguém.

A estranha ideia de heroísmo

ATÉ os egoístas e os que não estão nem aí, se tivessem oportunidade e tempo de descobrir a euforia de ajudar, se revelariam. Alguns tolos, infelizmente, se consideram autossuficientes, mas são minoritários, além de incuráveis.

Estar exposto numa emergência e receber um paciente que teme estar com o coronavírus é conviver, mais do que com a ameaça do vírus, com um duplo medo do paciente: o de confirmar o diagnóstico e o de não ser aceito para tratamento, porque afinal muitos são mesmo mandados para casa, diante de um quadro que o médico tem condições técnicas de reconhecer como leve ou moderado, sem nenhuma vantagem de internação, mas que o paciente nunca entenderá assim, porque, afinal, a doença é dele. É quando se descobre que medo por medo, o do abandono é maior.

Sai paciente e entra paciente, o ritual se repete, confirmando que a maioria da população ainda não entendeu que, com sintomas leves de uma virose qualquer, correr para uma emergência onde estão pessoas aglomeradas, algumas delas de fato doentes, é só aumentar o risco de realmente adoecer.

Por outro lado, quem envelheceu trabalhando como médico não consegue disfarçar uma chispa de orgulho ao ver aquela garotada que, até a semana passada, pressionada pelo mercado claudicante e desvalorizada pelas políticas de saúde, incertas e depreciadoras, ainda estava insegura sobre seu futuro profissional, e que agora, colocada em linha de frente com o risco, não consegue disfarçar o entusiasmo que afugenta o medo de quem descobriu a maravilha de ser médico e, não importa o quanto seja falso, sentir-se mais forte que o perigo.

O encanto e o deslumbramento de ajudar, definidos há muito como a mais primitiva expressão de civilidade, se revelam, como nunca, em momentos de crise. Os tipos que ao longo da história dedicaram suas vidas ao exercício da solidariedade marcaram suas trajetórias pela associação de generosidade e empatia, com aversão total a qualquer forma de popularidade ou ostentação.

A melhor prova da intensidade da energia que os impulsiona sempre foi o aumento da determinação quando colocados em situação de risco para si mesmos.

Apenas a gratificação de fazer o bem é capaz de gerar força e coragem para manter alguém atuante e disponível quando o mais fácil seria renunciar. Então, por ora, queremos apenas cuidar de quem realmente precisa, e do nosso jeito, discreto, compenetrado e silencioso. E, por favor, esqueçam os discursos de heroísmo, não somos heróis, somos apenas profissionais, com avós, pais, filhos e netos, e precisamos, como todos, continuar vivos para cuidar deles nos intervalos do nosso trabalho.

E depois que tudo passar, e o medo tiver escorrido, e o abraço ressuscitar, será recomendável que alguns tipos sigam usando máscaras, para esconder a cara da vergonha de terem depreciado esses abnegados capazes de resgatar todas as vidas possíveis, porque é só isso que sabemos fazer. E apesar de termos sido comparados ao sal ("branco, barato e existente em qualquer lugar"), vamos seguir adiante, sem bater boca com a dialética da retroescavadeira.

Só confiamos que os envolvidos não entendam este recado como predisposição ao esquecimento. Porque, podem crer, este arquivo é implacável.

Transplante de pulmão – trinta anos depois

DURANTE UM congresso americano, em 1986, quando o grupo de Toronto apresentou os primeiros resultados do transplante de pulmão, decidi que íamos transplantar na Santa Casa, contaminados que estávamos com a ideia que germinara lá no final dos anos 70, quando fizemos um trabalho experimental no laboratório do Instituto de Cardiologia e, depois disso, seguimos com treinamento na Clínica Mayo nos Estados Unidos. Nos três anos que se seguiram, participamos de todos os seminários organizados pelo grupo canadense e, em paralelo, iniciamos a preparação do Pavilhão Pereira Filho para receber o desafio. O ponto de partida foi a criação de uma UTI, com plantões regulares de intensivistas treinados (até janeiro de 89, quando foi inaugurada a unidade, os pacientes mais graves e em pós-operatório eram atendidos por médicos residentes).

Antes que ficássemos prontos, já tínhamos um paciente listado: em novembro de 88, o Vilamir, um jovem de 27 anos, procedente de Vargeão do Oeste, em Santa Catarina, foi admitido no hospital de onde nunca mais sairia, a menos que pudessem ser trocados os seus pulmões destruídos.

A presença, sofrida mas esperançosa, do Vilamir representou um importante acréscimo de responsabilidade e angústia do grupo, que passou a conviver com um paciente cuja vida dependia do quanto pudéssemos ser ousados e competentes. Lista de espera significava a expectativa por um doador, uma figura, naquela altura, tão aguardada quanto temida.

Em 15 de maio de 1989, fomos informados da existência de um paciente de Novo Hamburgo, traumatizado de crânio, transferido do Pronto Socorro para o Hospital São Francisco, na Santa Casa, e agora com o diagnóstico confirmado de morte encefálica. O tipo sanguíneo, o tamanho do tórax e a função pulmonar perfeita eram adequados para o transplante do Vilamir. Foram horas de grande expectativa enquanto eram realizados os últimos testes de compatibilidade imunológica.

Às 22 horas, fomos comunicados da compatibilidade, e o Vilamir, alternando riso e choro, foi preparado para a cirurgia.

Pouco depois da meia-noite, fomos ao centro cirúrgico do Hospital São Francisco, onde as equipes de transplante abdominal, os doutores Santo Vitola, Guido Cantisani e Maria Lúcia, nos receberam com um carinho capaz de amenizar o medo de principiante. Desconfio que eles não têm noção do quanto sou grato àquela acolhida.

Retirado o pulmão esquerdo, que foi colocado numa bacia, imerso em soro gelado e protegido por campos esterilizados, iniciamos o caminho de volta ao Pavilhão Pereira Filho, abraçados na carga preciosa. Na época não existiam as passarelas atuais, de modo que, sem o acesso direto, percorremos eu e o Dagoberto Godoy (meu amigo querido e um dos clínicos envolvidos no programa) o longo trajeto por dentro da Santa Casa até o pátio central, e depois pelo corredor externo até o Pavilhão Pereira Filho. Era uma madrugada fria de outono, mas provavelmente o meu tremor não tinha nada a ver com a temperatura. Sempre me impressionou a lembrança de que neste longo trajeto, sendo como éramos, dois parceiros fraternos e solidários, não tivéssemos trocado uma única palavra. Hoje a explicação é óbvia: nós estávamos em pânico. E certamente só a adrenalina transbordante fora capaz de antagonizar o medo que, de outra forma, nos paralisaria.

A partir da chegada ao bloco cirúrgico houve uma sucessão de descobertas preciosas: a imprescindibilidade de parceiros competentes e fiéis, a importância da grande experiência cirúrgica do grupo em procedimentos de alta complexidade e, por fim, a descoberta de que os momentos mais importantes de nossas vidas são inevitáveis exercícios da mais absoluta solidão. O silêncio total da equipe durante o procedimento e a espera de que o próximo passo fosse anunciado eram a confirmação de que a maior solidão era a de quem decidia.

Quando, depois de completado o implante, o pulmão expandiu, a oxigenação normalizou, e todo o resto parecia maravilhoso, a transformação ocorreu: todos, excitados, começaram a falar ao mesmo tempo, porque a partir daquele ponto todo mundo sabia o que fazer. A exultação generalizada depois de concluído o procedimento, os abraços de solidariedade, a emoção incontida do Felicetti, a euforia do Burla, a alegria da Leduína fazendo a faxina do bloco ao amanhecer, tudo foi arquivado com o cuidado que merecem as experiências definitivas, que certamente colocaram o dia 16 de maio de 1989 como um marco nas conquistas da Santa Casa e uma divisória nas nossas vidas.

Trinta anos depois e 680 transplantes adiante, é mais fácil admitir que ver o Vilamir respirar sem ajuda de aparelhos, depois de seis horas de terminado o transplante, já justificaria termos decidido correr todos os riscos, mesmo sabendo que, acontecesse o que acontecesse, nunca mais seríamos os mesmos. Mas não dá para esquecer a densidade emocional de ter estado, durante horas, dividido entre a frágil coragem de fazer e o medo aterrador de não conseguir.

A confiança que despertamos

"Vou ficar por aqui porque gostei da sua cara!" Tinha sido a primeira frase completa. Até então era uma sequência de resmungos e monossílabos. A filha médica, muito constrangida, tentava amenizar o azedume da mãe que peregrinara por vários consultórios de especialistas que unanimemente recomendaram a retirada cirúrgica daquele pequeno nódulo, típico de um câncer de pulmão. O problema, segundo me segredou a filha, é que entre a recomendação correta do ponto de vista técnico e a apresentação da proposta de tratamento tinha sido um ruído só. E a justificativa pela irritação repetida tinha sido sempre a mesma: "Parece que estes doutores não percebem que tenho 87 anos e não quero morrer numa sala de operações".

Por isso quando, depois de uma entrevista demorada, respondi àquela frase inicial com um singelo: "Eu também gostei da sua!", a filha pareceu tão surpresa e feliz que nem quis saber por quê, para não quebrar o encanto. E havia na pressa de ir embora a preocupação visível de que a mãe pudesse mudar de opinião. Naquela primeira consulta eu não conhecia a história das vaciladas todas, incluindo a traumática saída de um consultório, de onde ela partira tão furiosa que só terminou de se abotoar no corredor.

Mesmo com longa experiência clínica, não acho que existam regras rígidas para justificar a espontaneidade da aceitação ou da repulsa, mas aprendi a reconhecer precocemente os doces sinais da conquista do afeto, fundamental na construção da confiança, este elemento indispensável em qualquer relação humana que pretenda solidez, respeito e durabilidade. Todas as vezes que vivi esta situação de conquista ou perda de um paciente, por uma coisa tão subjetiva quanto gostar ou não da cara dele, tentei racionalizar as circunstâncias daquele desfecho e quase sempre tive mais certeza das causas da decepção do que da empatia. Alguém já disse que podemos nos quebrar por confiar demais, mas prefiro correr este risco, porque os sempre desconfiados são invariavelmente mesquinhos.

Ninguém conseguirá render o máximo no seu trabalho, seja lá o que faça, se não confiar na parceria a ponto de poder conviver com a guarda baixa, como só conseguem os que confiam.

Em medicina, a submissão ao atendimento de um profissional que não desperte confiança integral só será tolerada por quem não tenha nenhuma condição de escolha. E o desconforto dessa tolerância resignada só fará aumentar a ansiedade do paciente e a frustração do médico, porque, por mais que ambos tentem disfarçar, não há sentimento mais perceptível do que a falta bilateral da empatia.

Quando o afeto recíproco é exercido na sua plenitude, inevitavelmente resultará em gratidão, o mais nobre e exigente dos sentimentos humanos. E que tanta gente desconhece, porque lá no início foi incapaz de despertar confiança, e a relação mirrou desnutrida da nossa essência, tantas vezes mais pobre do que gostaríamos.

Por isso, valorizei tanto quando li, pela primeira vez, esta frase de Michael Balint "a personalidade do médico é a primeira droga que ele administra ao paciente", porque às vezes, quando de mau humor, somos uma droga cheia de para-efeitos.

As lágrimas que não escolhemos

Muito provavelmente, nenhuma reação humana se presta para tantas expressões emocionais quanto o choro. Praticamente se pode chorar por qualquer coisa. Pelo objeto conquistado ou perdido. Pelo amor que partiu de repente e pelo que voltou quando já não se esperava. Pelo noivado da filha deslumbrada e pelo fim do casamento que já ninguém aguentava mais. Pela biópsia negativa e pelo câncer inoperável. Pela conclusão do segundo grau e pela reprovação no vestibular. Pela necessidade de um transplante e pela chamada no meio da madrugada, comunicando que encontraram um doador. Pela notícia da morte do padrinho rico querido que não podia ter morrido e pela descoberta fatídica de que não fora incluído no testamento do miserável, que já foi tarde.

    O estímulo ao choro é o que difere em cada criatura. Existem pessoas que choram vendo famílias chorando de alegria porque o rebento se classificou para a próxima fase do The Voice, enquanto outros põem óculos escuros para que ninguém perceba os olhos secos no enterro da mãe.

Chora-se da dor física que exige morfina e de felicidade quando ela finalmente alivia. Muito se chora de tristeza, de frustração, de inveja e de ódio. Chora-se do orgulho de ter dito o que merecia e da vergonha de ter engolido. Também se chora de abandono, de solidão, de arrependimento e de remorso. Chora-se sozinho, no quarto escuro e silencioso, e aprende-se a desconfiar do choro espalhafatoso e teatral.

Nunca esquecemos a amizade omitida, nem o ombro oferecido para o choro compartilhado. Existem choros que doem na garganta como se houvesse cacos de vidro na saliva, e outros que se resolvem com duas assoadas do nariz.

Com lágrimas tudo é possível, até se arrepender delas. Isso aprendi com a Ana Luiza. Lembro dela chorando muito quando lhe disse que o Hermano tinha por fim morrido, depois de uma longa agonia que começou com pneumonia dupla depois de uma dose de quimioterapia e evoluiu para a falência de múltiplos órgãos, e todos seus desdobramentos, com várias tentativas de resgatá-lo. Todas sofisticadas e inúteis. Um mês depois, quando ela veio apanhar o atestado para cobrança do seguro, estava muito mais magra, com olheiras fundas, cutículas negligenciadas e choro engatilhado para mais uma sessão, se houvesse qualquer estímulo. Resolvi poupá-la, e falamos de outras coisas, até do calor que fazia, que assunto mais insosso não há.

Poucos meses depois, cruzamos no supermercado. Estava elegante, de salto alto e maquiada. Antes que lhe fizesse qualquer pergunta, ela desatou: "O senhor acredita que aquele filho da mãe tinha outra mulher e chamava os filhos dela pelos mesmos apelidos carinhosos que chamava os meus?". Percebendo que eu não sabia o que dizer, ela se antecipou: "Eu sei que o senhor tentou o que podia, e acho que até não lhe agradeci tanto quanto devia, mas hoje, se eu pudesse voltar no tempo, só o que queria eram as minhas lágrimas de volta!".

Se eu não tivesse ficado tão surpreso, talvez tivesse chorado um choro solidário pela fraude que a tinha feito tanto chorar.

Classifique seus amigos e evite surpresas

Existem formas de seleção de criatividade reconhecidas e louvadas em todo o mundo. Uma delas é a invejável capacidade de recriar festas diferentes sobre temas tradicionais, tornando-as inesquecíveis. Como as festas se repetem, e as preocupações da vida real não deixam tempo de sobra para as celebrações, mesmo que quiséssemos não conseguiríamos ser criativos todos os dias, o que de certa forma explica aquela nostalgia do fim da festa de Natal, uma espécie de ressaca da alegria mais prometida que entregue.

Como o abraço vem sendo progressivamente substituído pelo WhatsApp na segunda metade da comemoração, quando todos já se convenceram que de abraços era o que tínhamos, entra em cena a caçada afetiva, com cada um iluminado pelo visor do smartphone à cata das mensagens que, se espera, justifiquem a euforia que começou lá atrás, quando se descobriu que o Natal, além do mais, seria um maravilhoso feriadão.

O passeio virtual então revela os três tipos de conhecidos, com graus completamente diferentes de amizade. E é bom ter cuidado com esta palavra, porque só uns raros felizardos têm mais amigos do que as estações do ano. Ainda que os critérios de seleção sejam aleatórios, a espontaneidade das mensagens deve ser um deles, falível talvez, mas que, pela frequência com que se repete, precisa ser, ao menos, considerado.

No primeiro grupo estão aqueles poucos queridões, que tomam a iniciativa e adoçam nosso ego com as declarações de amor que sempre soubemos verdadeiras e que, quando estamos deprimidos ou solitários, pouco importa-nos que pareçam exageradas. Afinal é pela afirmação desses afagos que sobrevivemos ano após ano e entendemos essas festas como oásis de afeto no grande deserto da reciprocidade neste moderno império da individualidade.

No segundo grupo, bem mais numeroso, mas menos constante, estão aqueles parceiros que se mantiveram em silêncio até que uma chamada nossa os despertasse, e então foram capazes de mensagens muito generosas e às vezes tão intensas que, se tivessem sido espontâneas, multiplicariam a contagem dos amigos, equiparando-os, quem sabe, aos meses de cada ano. De qualquer maneira é recomendável cultivar esta turma como uma espécie de reserva técnica, até porque não sabemos quanto tempo viverão os amigos da primeira categoria, e ninguém quererá descobrir, no último dia, que foi escalado para apagar a luz, fechar a porta e colocar a chave embaixo do tapete.

O terceiro grupo é formado por todos os outros conhecidos que recebemos da vida, como promessas não alcançadas ou, desde logo, como certeza de frustração. Depois do tempo desperdiçado em conquistá-los, foi um alívio descobrir que era impossível, lembra? Então sossegue, a qualidade das relações amorosas é mais importante do que o número delas. E não esqueça que, na escala afetiva, o falso estará sempre abaixo do zero.

Então, enquanto espera a próxima festa, confiando que estará aqui para repeti-la, com alegria ou enfaro, abrace os amigos verdadeiros e repita o quanto você precisa deles até que acreditem. Chame para mais perto os do segundo grupo e dê a eles o crédito de que, talvez, se tivessem sido mais valorizados, ascenderiam na escala do carinho recíproco.

E esqueça os do terceiro grupo, eles não são confiáveis e não há nada que possa ser feito para mudar a opinião que eles têm a seu respeito. Mas não se deprima, em todo este tempo que se mantiveram distantes, eles não sentiram a sua falta, mas você teve o mesmo tempo para descobrir que eles não são imprescindíveis. Então Feliz próximo Natal pra eles também!

As pessoas que gostam da gente

A DONA Margot veio encaminhada de Ribeirão Preto, com aquele sotaque que parece mineiro, mas não é. Tinha um tumor de costela, bem localizado, com excelente chance de cura, e uma história de dor contínua, de intensidade crescente e que, no dizer dela, "me azucrina dia e noite!".

Aceitou a cirurgia com o entusiasmo que caracteriza os sofredores, que percebem na operação a barganha mais justa para voltar à vida normal. Uma situação completamente diferente do paciente que, durante um check-up, descobriu uma lesão assintomática, para o qual a proposta de cirurgia sempre parecerá agressiva e injusta, porque normal era como ele já estava se sentindo antes desse achado diagnóstico precoce, que os médicos festejam mais do que o proprietário da doença. Nesta condição, por mais que os médicos insistam que ele teve muita sorte, ele seguirá cismado com o azar de ter adoecido.

Ela foi operada dois dias depois e no quarto pós-operatório teve alta. Por ocasião da despedida, fez uma confissão curiosa: "Eu sempre faço meus médicos saberem o quanto eu gosto deles, mesmo que seja só para retribuir o que fizeram por mim!".

Quando eu ia agradecer, meio a contragosto, porque a generalização do agradecimento assumia que eventualmente fingia gratidão só para ser cordial, ela completou: "Mas do senhor eu não precisei fazer força para gostar!".

Ela terminou de colocar suas roupas numa mala de casca dura, enrolou no pescoço uma manta marrom com franjas de couro nas pontas e partiu.

Fiquei com esta declaração de amor, assim original, martelando. E percebi o quanto são aleatórios os critérios de seleção com os quais nos apegamos gostando, ou não, de uma pessoa. Às vezes, sem nenhuma justificativa consciente, nos afeiçoamos definitivamente a um tipo que em nada difere de alguém que passou batido com a marca da indiferença. Outras vezes, basta-nos a linguagem corporal, que muitos consideram a menos confiável de todas as linguagens, para decidirmos que uma determinada criatura não vale o tempo que seria necessário para descobrirmos se ali tem alguma coisa que justifique o investimento, porque estamos preconceituosamente convencidos que não.

Noutras tantas, o convívio traz o encantamento de descobrirmos que estamos diante de uma espécie rara de gente: aquela de quem quanto mais conhecemos, mais gostamos, na contramão do que ocorre com a maioria das pessoas, ainda que este desfecho maravilhoso não fosse previsível no início.

Naquele mês de tantas homenagens e comemorações, algumas justas, outras exageradas, foram inevitáveis as reminiscências de lições inesquecíveis que nos legaram os mestres maiores, esses verdadeiros agrimensores espirituais, responsáveis pela demarcação dos nossos territórios afetivos.

Na consulta a uma gaveta de coisas imperdíveis, em um cartão de papel delicado, datado do inverno que antecedeu a morte do meu primeiro grande mestre, Ivan Faria Correa, resgatei esta pérola de sabedoria: "Existem três tipos de pessoas: as que gostam da gente de qualquer jeito e são tolerantes e tendenciosas, as que não gostam de jeito nenhum e não há nada que possa ser feito por elas, e as que ainda não se decidiram. Cuidado com as últimas, porque delas não sabemos o que esperar, até que se decidam!".

Meu mestre querido morreu muito cedo, e antes que eu estivesse pronto. De vez em quando, ainda sinto a falta dele latejando em mim.

Por que mentimos?

MENTIR FAZ parte da nossa natureza e, se admitirmos que o núcleo da cultura cristã, a saída de Adão e Eva do paraíso, começou com uma grande mentira ("a serpente me enganou e eu comi"), ninguém dirá que estamos diante de uma novidade chocante.

Nem os ingênuos e os mais otimistas conceberiam um mundo sem mentiras. Normalmente vista como a vilã dos relacionamentos pessoais, a mentira existe, em muito, porque nos ajuda a cumprir um propósito essencial: a convivência civilizada em sociedade.

A propósito, como seria o mundo da sinceridade absoluta? Claro que teríamos vantagens; todas as promessas de campanha seriam cumpridas, os compromissos seriam respeitados, ninguém manteria segredos, a traição não existiria, e certos políticos volúveis seriam excluídos de todos os grupos de WhatsApp, poupando-nos da náusea recorrente. Em contrapartida, você teria que ouvir, com naturalidade, o que os outros pensam da sua aparência, das suas opiniões e do seu futuro profissional.

Em sã consciência, esperamos que as pessoas nos tratem com sinceridade, mas intimamente temamos o supersincero, admitindo que as pequenas mentiras do dia a dia tornam o viver suportável, pois não precisamos enfrentar verdades que nem sempre estamos prontos para encarar. Então uma mentirinha aqui e ali pode ser um elemento indispensável na vida social. De acordo com Mônica Portella, psicóloga e autora do divertido *Como identificar a mentira*, são dois os principais motivos que levam as pessoas a mentir: proteger-se de uma possível consequência negativa de suas ações e preservar a autoimagem. Ou seja, quando sabemos que nossa posição poderá sofrer reprovações ou sanções, optamos por mentir. E naturalmente esperamos que a mentira cole e, mais importante, que dure, porque nada mais assustador do que a sensação desagradável de que um dia ela será descoberta. Porque todos sabemos que, um dia, será.

Quem tiver interesse pelo tema não pode deixar de ler o maravilhoso *Why We Lie*, do professor de filosofia e historiador David Livingstone Smith (2009), que enxerga outra motivação essencial para os mentirosos: "Conseguir coisas que seriam mais difíceis de obter de outra forma". E, indicando o quanto a mentira contumaz revela o caráter, acrescenta: "Mentimos em qualquer circunstância onde manipular o comportamento do outro possa ser vantajoso para nós".

O primeiro mentiroso (*The Invention of Lying*, 2009), um filme escrito e interpretado por Ricky Gervais, mostra um fracassado roteirista do cinema que vive em um mundo ideal no qual ninguém mente e aceita estoicamente as opiniões sinceras (e quase sempre cruéis) dos outros. Um dia, depois de ter sido demitido e ter acabado de ouvir o que a garota dos seus sonhos pensava dele, voltou para casa e foi ameaçado de despejo porque o aluguel de oitocentos dólares estava vencido. Foi ao banco, mentiu pela primeira vez, e a atendente, crédula como todo mundo, lhe entregou a quantia que ele precisava. Inaugurado o ciclo da mentira, ele se torna rico e famoso. Na história ele se mantém como um canalha que preservou a doçura, um exemplo que virou clichê no mundo moderno.

Será que já tivemos uma época em que ninguém sabia mentir, até que alguém descobriu os poderes da dissimulação? Mônica e David acham que não, e creem que mentir é algo natural para os seres humanos. Incluindo o bebezinho que, ao descobrir o quanto o choro lhe traz de benefícios, produz, com aquela carinha de anjo, a primeira das muitas mentiras futuras. Talvez tudo seja mesmo só uma questão de dose.

O risco da euforia pelo novo

DUAS COISAS impressionam mais do que o quanto mudamos em função da pandemia: a rapidez com que nos transformamos em seres cibernéticos e a euforia com que assimilamos essas mudanças.

Não há reunião das Academias que frequento em que não se comemore os fantásticos benefícios das modernas plataformas digitais, que permitem colocar algumas centenas de participantes em salas virtuais, ocupadas, na era presencial, por três ou quatro dezenas de confrades. Outra descoberta fascinante foi a possibilidade de trazer semanalmente para o nosso "convívio" pessoas do outro lado do mundo, cujas presenças significavam investimentos que exigiam patrocinadores nos congressos anuais e que justificavam a contratação de agentes especializados em acomodação e logística. De repente, do nada, um ser (?) acelular chega sem ser convidado, vira para baixo o mundo e as nossas cabeças, e aprendemos que tudo o que precisamos para encher o monitor com alguém famoso numa determinada área é que um amigo da Academia faça uma chamada pelo WhatsApp (menos invasivo e custo zero) e o convide para participar em alguma gloriosa quinta-feira do futuro próximo.

Um dia desses, alguém questionou quantas semanas mais precisaríamos para voltar às nossas reuniões presenciais, e uma voz se levantou para propor que o melhor seria que considerássemos esta hipótese apenas para o próximo ano, e o número de apoiadores foi tão maciço que a ponderação de, quem sabe, organizarmos ao menos reuniões híbridas não passou de um sussurro.

Tudo parecia naturalmente festejável aos olhos dos médicos que já lograram ser o que pretenderam. Foi quando começamos a discutir a formação dos jovens que ainda nem têm ideia de que médicos serão. E, naturalmente, o quanto serão felizes, porque este objetivo nenhuma pandemia mudará.

E então, correndo todos os riscos de ser considerado jurássico, anuncio minha convicção: não é possível aprender a ser médico por ensino a distância. Os planos de saúde defendem encantados a telemedicina como a forma mais moderna de atendimento médico, o que é compreensível do ponto de vista empresarial, face ao baixo custo, mas impensável se considerarmos as necessidades pessoais de alguém fragilizado pela doença e que, no seu desespero, nunca aprenderá a abraçar o computador.

Logo depois dos gestores, competem em entusiasmo, como era de se prever, os simulacros de médicos, esses que não têm paciência para ouvir os pacientes e que festejam estarem sempre a um clique de se livrarem deles.

A telemedicina é um recurso maravilhoso, que permite dissipar dúvidas, discutir situações específicas com colegas de especialidade, solicitar exames e avaliar resultados, mas ela falha estrondosamente na oferta de um sentimento indispensável na relação entre duas pessoas, estando uma delas assustada: a compaixão. E, sem este sentimento, que nenhuma máquina conseguirá reproduzir, ficaremos alijados do seu subproduto mais nobre: a gratidão. E, com estas duas perdas, nada nos distinguirá de uma máquina. Que pode ser genialmente construída, mas que será sempre e apenas isto: uma máquina. Talvez seja adequado inquirir os pacientes sobre qual tipo de máquina eles escolheriam. Ou, de tão deslumbrados, esquecemos que a opinião deles é a mais importante na seleção do modelo?

A radicalização é um atalho para a infelicidade

Os MUITOS conselhos de como viver melhor, que fazem a essência dos livros de autoajuda, usualmente traduzem apenas uma pretensão desmedida do autor. Por outro lado, muitas dessas recomendações são impraticáveis porque contrariam de tal forma hábitos e costumes do paciente, que ele as perceberá como reservadas a outra pessoa, em outras circunstâncias. Como, por exemplo, comer brócolis e berinjela em todas as refeições? Ninguém merece submeter-se a essa punição. Portanto, seja razoável, e não radicalize na alimentação. Coma o que sentir vontade, com moderação. O seu corpo saberá das suas necessidades. Quando sentir uma vontade incontrolável de comer laranja, pode apostar que seu nível de vitamina C está baixo.

  Não fantasie viver cem anos comendo folhas. Pense na advertência de Ariano Suassuna: na idade média, homens e cavalos viviam vinte anos. Passados esses séculos todos, os homens estão ultrapassando os oitenta, e os cavalos, com sua dieta de capim, seguem vivendo vinte anos.

Curta o seu vinho predileto e aproveite o relaxamento prazeroso que um cálice nas refeições pode garantir. Ah, e tema os abstêmios, que provavelmente têm segredos tenebrosos, que defendem no limite da sobriedade.

Mantenha uma distância saudável dos fanáticos, esses que sabem tudo o que precisa ser feito para consertar o mundo, que só está do jeito que está porque nunca lhes deram ouvidos. Não tente argumentar com os raivosos radicais, porque, como donos da verdade, eles habitam uma bolha, impermeável ao diálogo e à razão. Então seja esperto e comece assumindo que sua parte é fazer o que faz da melhor maneira possível.

Portanto, fuja de heroísmos delirantes, esses que, irrealizados, só vão aumentar a produção de substâncias orgânicas que azedam o humor e aumentam a acidez gástrica. Como se sabe bem, toda a forma de estresse é prejudicial. Então vamos evitar o gratuito, concentrando-nos em conviver com o inevitável. Ouvir música clássica, por exemplo, é mais inteligente do que buzinar no engarrafamento. Evitar os pessimistas tem igual benefício, especialmente porque há evidências de que má sorte também se constrói.

Agora que está todo mundo empenhado em viver mais, priorize viver melhor. Talvez a regra mais importante nesta direção seja eliminar, na medida do possível, o convívio com pessoas ou circunstâncias que não lhe tragam prazer. Admito que isso é impossível na fase ascendente da vida, em que estamos criando o nosso espaço no mundo, e rompantes nesta fase podem ser contraproducentes. Mas guarde esta informação para a maturidade, e saberá que ela finalmente chegou quando levantar e ir embora não mais será visto como insubordinação, mas como excentricidade saudável. E pode crer que os resignados com a chateação invejarão a sua coragem.

Tenha hábitos variados, preserve a musculatura, estimule a atividade cerebral e durma bem. Não esqueça que o ronco significa má oxigenação, e não ajudará nada na velhice ter sacrificado um monte de neurônios em cada noite maldormida. Eles farão falta no futuro, esse que todo mundo só pensa em alongar, sem atentar que a cabeça não pode ser a primeira a morrer, e que a longevidade só se justifica para quem for capaz de perceber a diferença entre viver e simplesmente durar.

Afeto é a melhor surpresa

Adoecer não pode significar só sofrimento, assim como sofrimento não pode resultar apenas em lamentação. E é muito bom que seja assim, porque senão como explicar que pessoas boas passem por vias-crúcis injustas?

Na minha já longa experiência em conviver com pessoas que passaram por vivências sofridas, aprendi, entre outras coisas, a valorizar estes antecedentes, por quanto eles contribuem para forjar uma capacidade de enfrentamento que separa os fortes e resilientes e expõe os fracos e pusilânimes. Que ninguém entenda, por favor, que estou propondo a submissão a algum grau de sofrimento como estratégia de qualificação pessoal, como sugerem alguns textos religiosos inspirados no exemplo magnânimo de Nosso Senhor. Nada disso. Todo o sofrimento deve ser evitado, e, a propósito, a principal função do médico é, antes de tudo, aliviar.

Pretendo sim discutir o significado do padecer inevitável, de qualquer origem, física ou emocional. Se por um lado a forma de sofrer é personalizada, com cada um penando do seu jeito, o resultado final é previsível: todos se revelam, depois, como seres humanos mais qualificados, mais compassivos e solidários, e com baixíssima tolerância à mesquinhez e à picuinha.

E, certamente, haverá uma mudança radical em relação à atitude nos laços familiares, profissionais e sociais. Só a possibilidade concreta de tê-los perdido fortalece os vínculos amorosos com uma intensidade impensada naquelas décadas prévias de alegria ilimitada. De contrapeso, como ninguém consegue de fato fingir uma preocupação inexistente, poder reconhecer quem sofreu com a iminência de perder-nos permite fazer uma triagem confiável dos amigos e dos nem tanto.

Meu velho professor adoeceu, e a filha colocou um livro de presença na entrada da suíte no hospital. Quando o visitei semanas depois da alta, ele já recuperado e com a ironia intacta, assinalava os amigos verdadeiros e alguns, poucos segundo ele, que estiveram ali apenas para confirmar o quanto a sobrevivência era improvável. Quando a filha serviu o tradicional vinho do porto com que saudávamos à vida, ele não esqueceu de brindar: "Aos filhos da mãe de plantão, medíocres até na secada!".

Contei a ele que tinha passado por uma experiência pessoal assustadora, com um cateterismo cardíaco depois de uma dor no peito, e que o mais confortador tinha sido a visita, cedo da manhã seguinte, de um grupo de seis funcionárias da limpeza do hospital, que entraram de mãos dadas na UTI, só pra me comover:

"Nosso doutor querido, fique tranquilo, que a nossa reza é forte!". Ele ouviu a minha história, secou uma lágrima insistente, serviu mais uma dose do vinho e acrescentou: "Mais um brinde, agora de pena dos invejosos, que nunca saberão o quanto a emoção qualifica as pessoas!".

E erguemos as taças, outra vez.

As sobras de tudo

O BICHO homem é complicado e, confinado, fica pior. Na desesperança e no inconformismo.

E os queixosos da monotonia do trabalho agora admitem sentir muita falta da rotina, que trocava a angústia por serenidade e ainda dava acesso às pessoas e à possibilidade de ajudá-las e de receber em troca a gratidão.

Semana passada, completamente carente, fazendo compras no supermercado, fui saudado à distância por uma velhinha, que por trás da máscara tinha uma carinha muito fofa. E ela disse: "Doutor, eu tenho uma enorme admiração pelo senhor e rezei para que um dia eu o encontrasse. Pois hoje o encontro e não posso nem o abraçar. Isso só faz aumentar o ódio que eu tenho por este vírus". E nem vou falar do adjetivo que ela usou para falar do vírus. Aquela insólita declaração de amor salvou meu dia, que se encaminhava para se perder por inanição de afeto. De qualquer maneira, quatro semanas sem dar a ninguém uma razão para me agradecer é desesperador.

E esse tempo perdido sem abraçar ninguém, quem vai compensar? E para qual ministério eu posso encaminhar este pedido de reembolso afetivo?

Do ponto de vista da saúde pública, há uma enorme dificuldade em estabelecer o limite entre a informação que protege e o exagero que insufla o medo, que, como já escrevi, tantas vezes atropela a razão. Apesar de a mídia mostrar manifestações comoventes da população rendendo homenagens aos profissionais que trabalham na linha de frente, nos bastidores o medo da doença tem substituído a gratidão por crueldade.

Como a médica que recebeu um recado no para-brisa do seu carro: "Se alguém adoecer neste prédio você é a culpada".

Ou a enfermeira de Barcelona que teve o carro pichado: "Rata contagiosa", e não conseguia parar de chorar.

Ou a nossa amada Lya Luft, que tem casa em Gramado e adora a cidade, e que ao sair do supermercado foi xingada por um casal que, ao ver a placa do carro, disse: "Volte já para Porto Alegre, não venha trazer doença pra nossa cidade!". Uma injustiça com a doçura da Lya, mas ela sabe que o medo embrutece as pessoas, não obrigatoriamente más.

Se a melhor maneira de reduzir a ansiedade é se manter ocupado, temos que reconhecer que só o intelectual pode praticar o chamado ócio produtivo, porque saberá empregar melhor o tempo e se dedicar a prazeres protelados, como escrever um livro, ouvir uma ópera inteira sem interrupção ou reler um clássico (durante tanto tempo fiquei me prometendo reler *Crime e castigo*, só não sabia que daria para reler todo o Dostoiévski).

Mas e os trabalhadores braçais, que além de não terem onde descarregar energia ainda ficam matutando de como fazer para pagar as contas que a falta do trabalho inviabilizou? Um velho paciente, meu antigo mecânico, ligou para uma consulta on-line, e quando lhe perguntei como estava a quarentena, respondeu: "Este tempo trancado em casa me fez entender por que quando abro a porta o meu cachorrinho sai naquela disparada!".

Quando ele desligou, eu fiquei pensando: eu estou precisando muito que alguém abra a porta pra mim. E nem temos certeza de que a sobra de tudo signifique mais empatia futura. Como um realista esperançoso, estou determinado a crer na utopia, porque ela precisa ser buscada para justificar a nossa vida. Mas, sendo realista em relação ao futuro, qualquer projeto que signifique mais do que já tínhamos antes da pandemia vai parecer um exagero. Como era já está de bom tamanho. Dar as mãos, abraçar, beijar as pessoas que correspondem ao nosso afeto, voltar do supermercado sem a preocupação de lavar cada saco plástico das compras e viajar: não dá pra ser feliz sempre no mesmo lugar.

Da nossa experiência com a interlocução por via remota em alguns aspectos avançamos, porque sairemos mais treinados nos instrumentos de comunicação digital, mas o triunfo da comunicação remota, se ocorrer, precisará ser assumido como um rotundo fracasso da civilização. Porque valorizar toque, calor e cheiro fazem parte da natureza humana. Na área médica, a telemedicina tem se afirmado progressivamente como um instrumento útil, mas só em determinadas condições especiais. Que não se pretenda generalizá-la, porque a medicina se baseia em compaixão, e a compaixão não é um sentimento que se contenta em ser visto, a compaixão precisa ser tocada. Ninguém abraçará um robô diante da ameaça da morte. Então, o afeto da relação médico/paciente jamais será substituído por nenhuma máquina inteligente.

E se isso for considerado uma UTOPIA, então estaremos irreparavelmente perdidos.

Dos afetos distantes

UMA DAS grandes injustiças da vida é a imposição de convívio, não importa se por razões profissionais, familiares, ou outras, com pessoas ou situações que não gerem prazer. Devia ser sempre possível decidir onde estar, e com quem. Todos reconhecerão utopia na busca desta pretensão. Que seja, mas esta capitulação à rotina imposta pelo cotidiano não impede que ao menos fantasiemos este objetivo. Imagine só que maravilha seria não sentirmos saudade dos nossos amados porque eles nos acompanhariam o tempo todo. Como as nossas conversas seriam mais calorosas, sem nenhum espaço para indiretas sutis e desconfianças explícitas!

E de guarda baixa teríamos liberdade e tempo de sobra para suportar juntos os inevitáveis dias difíceis e planejar futuros amenos e repartir saudades. Nenhuma data significativa seria negligenciada, porque sempre haveria alguém por perto, que tendo sido testemunha daquele momento precioso estaria de lembrança em punho para sacudir a memória. E relembraríamos cada evento importante, e todos poderiam depor sobre o que considerarem inesquecível. Riríamos muito, com a maior naturalidade nos comoveríamos e terminaríamos a conversa abraçados. Que a distância dos nossos amados conspire contra esta possibilidade de intercâmbio afetivo; ah, isto é uma grande injustiça.

Foi o que pensei quando recebi do Homero, "meu irmão de sangue e de afeto" (é assim que ele muitas vezes se despede em conversas no WhatsApp), uma mensagem cheia de saudade do nosso pai, doze anos depois da sua morte. A intenção era reverenciá-lo para todos os que conviveram com a doçura do nosso velho, e também para os que não tiveram igual sorte porque nasceram depois, relembrar as atitudes que definiam a personalidade cordial e generosa do seu Deoclécio. Eram coisas simples, mas que marcavam sua fidalguia e caráter. E o Homero relembrou duas delas: "O gesto respeitoso de retirar o chapéu ou boné ao cumprimentar uma pessoa. Qualquer pessoa".

"A rotina de sempre nos acompanhar até a porta de saída. Lembro da noite em que ele tentou levantar do sofá para acompanhar-me, mas as pernas falharam. E ele disse: Zely, acompanhe o Homero! Percebi mais tarde que ali, naquele momento, ele começara a partir."

Passados tantos anos, mas com este choque de saudade estremecida, senti vontade de ao menos abraçar o Homero. E outra vez provei o desconforto de saber sempre longe quem devia estar mais perto.

E, por um momento, quis ter braços mais compridos.

Felicidade: o trabalho que dá

Só o amor despertou mais debatedores animados. Se considerarmos que a busca da felicidade é a essência da nossa passagem pelo mundo, todo o aparente exagero se justifica. O resultado de tantas cabeças pensantes trabalhando em dissintonia explica a variedade infinita de conceitos, uma característica dos temas que não entendemos bem.

Como somos completamente diferentes, a ponto de que coisas que deslumbrem alguns provoquem bocejos em outros, não se pretenda copiar modelos de felicidade. Tente construir a sua, do seu jeito. E trate de aceitar que, se pretender pôr a cabeça de fora, a ponto de ser profissionalmente respeitado, sempre terá maior chance o espírito acelerado em comparação com aquele que sai da cama toda manhã com o desânimo de quem vai terminar o dia numa reunião do condomínio.

Para que não pareça implicância, e em prol dos menos ambiciosos, é preciso admitir que as pessoas pouco exigentes têm mais chance de alcançar uma condição de equilíbrio emocional, que se confunde tanto com felicidade que talvez seja ela mesma. Por outro lado, uma fonte segura de infelicidade é a comparação, descrita por Mark Twain como a morte da alegria, porque à nossa volta sempre haverá alguém que sabemos melhor do que nós.

Quem consulta a literatura fica impressionado com o rosário de recomendações, com uma unanimidade: o caminho mais seguro é ajudar o outro, que além de ser um exercício de humanismo, ainda desperta nos beneficiados o mais nobre dos sentimentos, a gratidão. No desespero desta pandemia, este sentimento ficou evidente, como raramente tinha acontecido. A onda de manifestações coletivas de aplauso aos profissionais da saúde só precisa permanecer, para que ninguém a considere um reles fruto do pânico transitório. Qualquer medo contamina a gratidão.

Enquanto isto, seguimos encantados com a descoberta que ser médico, de verdade, é dar a alguém que nos procura uma alegria que ele não teria se não fôssemos capazes de fazer o que fazemos. E sem nenhuma soberba, até porque estamos sempre assombrados com nossos erros, dos quais, muitas vezes, nunca nos recuperamos completamente.

Apesar da diversidade de vicissitudes e ambições, consagrou-se a observação de que agrupados somos mais, e que em geral a solidão flagela, reduz a expectativa de vida, aumenta o risco de adoecer, e, quando isto ocorre, o solitário sofre mais.

Ainda que esta observação seja consensual, não se pode negar a possibilidade, real e menos exigente, de sermos felizes sozinhos. Sempre me impressionou a capacidade de certas pessoas de estarem contentes com coisas que os outros consideram menores, em contraste com os que exigem a felicidade global, geralmente tendo fracassado com a sua.

Um dos depoimentos mais pungentes recebi de um leitor fiel, que confessou ter chorado enquanto assava uma costelinha no seu solitário churrasco de domingo e se deu conta de que era, sim, uma pessoa feliz, e se sentia grato por isto.

Um exemplo de autodidata inteligente, ao entender que a pretensão de fazer todo o mecanismo funcionar harmonicamente é um impeditivo de felicidade, esta coisa que não existe e, um dia, acaba.

Inteligência artificial?
Entre e sente-se, por favor

A INTELIGÊNCIA ARTIFICIAL, construída com o somatório das inteligências disponíveis antes das máquinas, se apresenta como um instrumento ao mesmo tempo poderoso e assustador na execução de tarefas que, até ontem, eram exclusividade dos cérebros humanos que, apesar de considerados brilhantes pelos seus pretensiosos proprietários, têm se revelado falhos, lentos, fatigáveis, tendenciosos e, pior de tudo, perecíveis.

Confirmada a eficácia do engenho, o passo seguinte consistiu em estabelecer-lhe a aplicabilidade. Em inúmeras áreas, os benefícios já se tornaram tão evidentes que sua utilização deixou para trás a acusação de experimental para assumir protagonismo na sobrevivência de muitas empresas. A diversidade de empregos, nas mais variadas áreas de atividade profissional, removeu o elemento de discussão sobre as vantagens potenciais para um foco muito mais específico: como fazer para tirar o máximo proveito da novidade que se instalou como um posseiro do presente e não mais como um possível inquilino do futuro.

As grandes empresas de informática entraram em ferrenha competição, empenhadas em descobrir instrumentos de auxílio à atividade humana, mas, logo adiante, um pouco surpresas, perceberam que em muitos casos esses softwares, cada vez mais sofisticados, tinham logrado um estágio tal de perfeição a ponto de substituir os seus criadores, que em algum momento devem ter percebido, com uma mistura de orgulho (que quase ofuscava o constrangimento), que a "criatura" era mais eficaz que o criador.

A comprovação da eficácia, como obrigatoriamente ocorre em qualquer atividade, veio através da metodologia científica, essencialmente comparativa: em número crescente e em diferentes ramos da atividade humana, programas modernos têm revelado índices de acerto superiores aos dos respectivos especialistas, aninhando-os como parceiros úteis e infalíveis, e ao mesmo tempo assombrando-os com a possibilidade, cada vez mais plausível, de vir a dispensá-los.

Um programa produzido pela IBM, quando convenientemente abastecido pelas informações-chaves (esta aparentemente acabará sendo a derradeira tarefa humana), é capaz de propor soluções legais com índices de acertos que as melhores bancas de advocacia terão dificuldade de competir. E, claro, a um custo infinitamente menor. Da mesma maneira, alimentados os sistemas de inteligência artificial com informações médicas relevantes (e os melhores clínicos serão reconhecidos pela capacidade de identificar o que tem relevância naquele contexto específico) são capazes de anunciar diagnósticos com precisão desafiadora à experiência médica convencional. Se chegamos a este ponto, e o consenso é de que estamos apenas começando, é prudente que as cabeças muito conservadoras, mas que pretendam fugir do rótulo de dinossauros do seu tempo, comecem a admitir que a onda de cada nova descoberta, pela euforia que desperta nos cérebros criativos, pode no início parecer uma marola, mas sempre terminará em tsunami porque nada, absolutamente nada, consegue deter a energia multiplicadora do conhecimento em evolução. Quem já trabalhou em alguma pesquisa sabe do que estou falando. Então, se a Inteligência Artificial bater-lhe à porta, acolha-a, ofereça-lhe uma cadeira e comece a conversar, diplomaticamente. Acredite, você não vai querer tê-la como inimiga no futuro.

A banalização do sagrado

SE ALGUÉM planeja organizar a lista das profissões que serão desempenhadas por robôs no futuro, tenha certeza de que a medicina estará depois do fim desta lista. E isso, sem nenhum viés corporativista, por uma razão elementar: o sofrimento humano não é, nem nunca será, robotizável.

A experiência de décadas revela que a diversidade de reações diante de situações idênticas é uma característica imutável do ser humano, imprevisível, imponderável, e único no seu jeito de reagir diante de um sofrimento que lhe parecerá sempre injusto, incompreensível e assustador. Pois é exatamente esta gama infinita de atitudes, previsíveis algumas, surpreendentes outras, que oferecem ao médico a chance ímpar de se tornar um ouvinte qualificado e um conselheiro confiável. Eram assim os médicos do passado, estão deixando de ser assim os médicos do presente, e deverão resgatar esta relação afetiva se quiserem descobrir o fascínio desta profissão os médicos do futuro.

Se isto for impedido por circunstâncias operacionais, ou negligenciado por falta de empatia, perdemos todos, médicos e pacientes, para o desencanto de uns e a frustração de outros.

A julgar pelo mau humor dos médicos que só tratam doenças e ignoram os portadores, a medicina como ciência isolada é de uma chatice exemplar. E por uma razão compreensível: as doenças são repetitivas e monótonas, e se não fosse a descoberta de que cada indivíduo se revela exclusivo no enfrentamento delas, seria absolutamente insuportável.

A telemedicina que se mostrou eficiente, por exemplo, no emprego da radiologia a distância, não serve de parâmetro para recomendar que todas as especialidades passem a utilizá-la, porque esta é uma área de restrito contato com o paciente, que sempre terá o médico solicitante como intermediário para dar um destino às informações emanadas da imagem, responder às perguntas e reduzir ansiedade e fantasia. Enfim, ser o médico real.

Para fugirmos da radicalização que tem contaminado a maioria das ideias novas, é fundamental que se preserve a noção de que nem tudo que é possível fazer é razoável que se faça. As consultas que os médicos de áreas remotas possam fazer em busca da ajuda de colegas em centros diferenciados devem ser estimuladas. A troca de informações de pacientes com seus médicos de referência, através de aplicativos, tornou-se uma rotina, pela praticidade e segurança, e certamente vai continuar. Mas imaginar que a mais densa relação que se pode estabelecer entre duas pessoas, que eram completamente desconhecidas até que uma delas adoeceu, possa ser desenvolvida integralmente através de um computador, mais do que insensibilidade, revela o total desconhecimento do que é uma relação médico/paciente na sua plenitude.

A generalização desta prática, liberada pelo Conselho Federal de Medicina, sem nenhuma discussão com médicos de verdade e com entidades que os representam, foi um gesto de tirania inaceitável.

Quem passou a vida atendendo pacientes em consultório e, por despertar a confiança deles, se tornou um fiel depositário do mais variado rol de sentimentos humanos recebeu esta resolução com pasmo e incredulidade. Só comparável, talvez, a uma hipotética normativa da Igreja Católica, que em nome da modernidade anunciasse que a partir de agora a confissão e a penitência estariam disponíveis on-line, através do site *www.feadomicilio.com*.

Não se anuncie importante.
Apenas seja para alguém

HÁ MUITO se sabe que um sinal confiável de que estamos envelhecendo é quando começam a pipocar homenagens. Tudo muito compreensível e saudável, afinal o polimento do ego faz parte da preservação da autoestima, que funciona desde sempre como um monitor da nossa relação com o mundo. Previsivelmente a reação à homenagem depende do perfil do homenageado. Os humildes vão sempre considerá-la exagerada e partem em busca de alguém que os represente na cerimônia. Enquanto os vaidosos, além de lamentar o atraso, mal conseguem dissimular o enfaro que nasce da convicção de que não adianta, porque os invejosos nunca dimensionarão sua importância.

Estes comportamentos bizarros são frequentes, e não obrigatoriamente vinculados à idade dos personagens. Porque os vaidosos já nascem assim, ainda que muitas vezes tenham tido uma criação que os requintou.

Numa conversa de garotos no parque, de repente começou a gincana do pai mais rico. De acordo com o fascínio da época, nada distinguia mais o herói do que o carrão que possuía. E a supremacia ficava humilhante se o paizão, todo-poderoso, tivesse mais de um carro.

O Renatinho era tímido por natureza e ouviu em silêncio a lista de proprietários de três, cinco e seis carros. Por ele, não se meteria, mas foi desafiado: "E aí, Renato, teu pai tem carro ou anda de bicicleta?".

"Meu pai tem quinhentos caminhões!"

"Era o que faltava, seu baixinho, mentiroso e metido a besta, acha que somos o quê, imbecis?"

Todo estropiado o Renatinho entrou em casa se arrastando. Apanhara como um cão de rua, sem ter tempo de dizer que o pai era dono de uma das grandes transportadoras do Brasil. Mas isso, naquela hora, não importava. Fosse o que fosse, aquele número era grande demais e merecia uma boa surra.

No outro extremo, com a mão enrugada sempre apoiando o queixo e a solidão, estava o Edmundo, velhinho corcunda, abandonado pela família que o colocara no asilo no dia seguinte à festa dos 88 anos. Tinha uma cabeça boa demais para reclamar e um esqueleto de menos para ser útil.

Um dia, amargurado, se queixou para a psicóloga que ele era o único que não recebia visitas e estava cansado dos pacotes de presentes que recebia toda semana, sem ninguém para abraçar. Quando a doutora, querendo animá-lo, disse: "Pois eu acho que o senhor devia agradecer a Deus por ser o único da clínica que não tem Alzheimer. Os outros nem sabem que recebem visitas!".

"Pois preferia ser como eles, porque não recebo ninguém, e eu sei!"

Dos nossos arrependimentos

APROVADO o conceito que "velhice é o intervalo que decorre entre a primeira percepção de que não há mais tempo para mudar as coisas realmente importantes da vida e a nossa morte", podemos antecipar que, por coerência, esta fase é também a lavoura existencial onde cultivamos nossos arrependimentos.

A partir daí é fácil depreender que a consciência de que fizemos menos do que poderíamos aliada às inevitáveis desilusões se somam para emprestar naturalidade à vizinhança do fim.

Os modelos de convívio com esta realidade implacável podem ser diferentes, com espaço imprevisível e ilimitado para a irritabilidade, indiferença, disfarce, fantasia e negação. É como se cada um tentasse se adaptar ao que restou da sua vida de um jeito que seja menos doloroso, já que raramente nos aproximamos da utopia da plenitude, seja lá o que isso represente.

Bronnie Ware é uma australiana inteligente, curiosa e com uma inquietude fora da curva. Ela é compositora, tem uma banda e trabalha como enfermeira. Convivendo com pacientes terminais, ela tomou a iniciativa de interrogá-los para construir a lista dos cinco arrependimentos mais frequentes.

Baseado no indiscutível poder de autenticação, que torna a proximidade da morte um momento tão intenso, se pode dizer que este questionário traz o selo da sinceridade, obtido naquele momento crítico em que só a verdade tem sentido:

1. *Eu gostaria de ter tido a coragem de viver a vida que eu queria, não a vida que os outros esperavam que eu vivesse.* Aqui certamente estão arquivadas todas as amarguras das escolhas profissionais frustradas.
2. *Eu gostaria de não ter trabalhado tanto.* Esta queixa foi observada predominantemente entre homens que se sentiam em falta de não ter aproveitado mais a juventude dos filhos e a companhia de suas parceiras.
3. *Eu queria ter tido a coragem de expressar meus sentimentos.* Muitas pessoas suprimiram seus sentimentos para ficar em paz com os outros. Omitir a nossa opinião por submissão corrói a autoestima e gera ressentimento.
4. *Eu gostaria de ter ficado em contato com os meus amigos.* Frequentemente, os pacientes não percebiam as vantagens de ter velhos amigos mais próximos, até chegarem em suas últimas semanas de vida, quando nem sempre era possível rastrear essas pessoas.

5. *Eu gostaria de ter me permitido ser mais feliz.* Esse é um arrependimento surpreendentemente comum. Muitos só percebem no fim da vida que a felicidade é, antes de mais nada, uma escolha.

Nunca conheci um velho moribundo que afirmasse, sinceramente, não ter nenhum arrependimento. Então, sem a chance da exceção, habituemo-nos com a ideia que, se tivermos tempo de sobra, nos arrependeremos. E concentremo-nos em evitar, ao menos, aquelas mágoas capazes de acelerar o esquecimento do que gostaríamos de significar no coração dos nossos amados.

Liberdade de expressão.
Qual o limite?

AINDA QUE se possa discutir o conteúdo do que alguém tenha para dizer, a liberdade de expressão é um dos pilares máximos da democracia. E essa liberdade precisa ser respeitada e protegida independente do teor da mensagem.

Que isso fique claro se alguém considerar que a crítica que virá a seguir tem alguma intenção de tolher esse direito. Esse não é o viés desta crônica.

A repercussão nas redes sociais de tudo o que se diz, e às vezes até do que se pensa, é tão escandalosa e desprovida dos filtros mais elementares, que resta a sensação desconfortável da perda progressiva da noção de ridículo. Então, de vez em quando, surgem atitudes tão bizarras que ainda conseguem escandalizar uma sociedade com a corda da tolerância ao mau gosto esticada no limite.

Há alguns anos, tendo presenciado um espetáculo grotesco numa formatura de uma Escola da Universidade Federal, ao ver um bando de jovens fazendo embaixadinhas com os canudos dos diplomas, deixando claro que aquela conquista que colocava brilho nos olhos e pressa no coração dos pais não significava nada pra eles, fiquei desconfortável durante semanas, porque me coloquei no lugar dos pais, que chegaram movidos de expectativas e foram soterrados de vergonha e desilusão.

E então, dias depois, assisti, no Rio, um documentário produzido pelos irmãos Moreira Salles para homenagear Santiago, um mordomo da família, que viveu com eles durante várias décadas. Era uma figura interessante, poliglota e grande pianista, que encantava nas recepções da tradicional família carioca.

No documentário, João, o mais novo dos irmãos, contou que uma noite em que os pais foram jantar fora, os meninos ficaram aos cuidados do Santiago, que os colocou na cama às dez da noite. Passada a meia-noite, João acordou com música na casa e foi em direção ao saguão principal, onde encontrou Santiago tocando piano.

Quando quis saber por que ele estava de smoking, Santiago respondeu "porque é Beethoven".

A diferença das duas atitudes era abismal: de um lado, um bando de jovens que ignorava que uma formatura só tem sentido se envolta de solenidade (senão seria mais simples mandar os diplomas pelo correio), e do outro, um solitário pianista que, em plena madrugada, veste smoking porque tocava Beethoven. Isso revela o quanto, como sociedade pretensamente civilizada, mudamos nessas últimas décadas, e ninguém, por mais que se esforce, admitirá que mudamos pra melhor!

Para os adultos que precisam continuar acreditando na juventude, porque é dela que dependemos, toda a preocupação com os jovens formandos de Relações Internacionais que, diante de um transe histriônico de um colega que resolveu burlar o protocolo rebolando no palco, reagiram aplaudindo-o.

Quem ainda lembra como é ser jovem sabe que, de vez em quando, diante de um escândalo, prevalece a reação em cadeia que identifica um rebanho de descerebrados inconsequentes. Pois bem, pessoal, a festa acabou, e a vida real chegou, sem conchavos ou dissimulações. Terminou o faz de conta, porque a partir de agora, tudo conta.

De hoje em diante vocês vão precisar selecionar até o que aplaudir, porque aplauso é compromisso. E vocês, envolvidos em circunstâncias que não escolheram, precisam assumir a responsabilidade futura de mostrar aos seus pais e à bancada estarrecida dos professores que aquela grotesca manifestação foi um disparate não planejado.

Aquilo a que assistimos não pode ser apenas mais um jeito de chocar as pessoas, porque aquela estratégia, que violou o direito dos colegas que gostariam de ter uma festa solene, é uma forma patética de alimentar preconceitos, não de combatê-los.

Tomara que o futuro confirme que a maioria de vocês é melhor do que a amostra.

A salvaguarda do medo

AINDA QUE o medo faça parte da natureza humana, de modo que todos cultivem a sua cota, há os especialistas em disfarçá-lo e, por se sentirem superiores, atribuem o medo dos outros à fraqueza ou covardia. Na verdade, o medo, expresso como uma reação de luta ou fuga, é um sentimento indispensável, porque está associado ao mais elementar dos instintos humanos, o da sobrevivência. Uma pessoa desprovida de medo (e existe?) pela incapacidade de valorizar o perigo vai viver pouco, ou seja, terá menos tempo para aproveitar sua valentia.

Quando o cérebro é ativado involuntariamente por estímulos estressantes, libera substâncias neurotransmissoras, como serotonina e adrenalina, que participam de uma reação em cascata disparando o coração, tornando a respiração ofegante e contraindo os músculos. Apesar da semelhança farmacológica na deflagração, a reação ao medo é muito individual, impedindo que se possa estabelecer uma atitude padronizada, porque alguns ativam os reflexos e se revelam capazes de tomar decisões rápidas e precisas, enquanto outros ficam literalmente paralisados.

O ser humano, frágil por natureza, se tornou gregário mais por necessidade do que por opção, assumindo a rotina de buscar no outro o amparo imprescindível para suportar a vida e seus sustos inevitáveis.

A presença de um vírus, pra lá de inconveniente, a exigir confinamento, retira estas âncoras que só valorizamos ao perdê-las, e torna previsível crises emocionais decorrentes do somatório de dois sentimentos dilacerantes: a tragédia da doença (ou o medo dela) e a tristeza da solidão.

Como saúde sempre foi considerada um item obrigatório de qualquer esboço de felicidade, é curiosa a reação contrastante de pessoas aparentemente iguais diante de uma doença. O que estamos assistindo é ainda maior: não tínhamos nenhuma experiência com o fantasma de uma doença coletiva e seus desdobramentos, com exigência de coragem, serenidade, resiliência e empatia, e nos flagramos numa situação em que há uma indisfarçável tendência ao medo, ao alarmismo, ao egoísmo e à indiferença, comprometendo o que a espécie humana tem de mais nobre: a solidariedade.

Quem tiver uma visão mais holística, ou seja, aquela capaz de ultrapassar o umbral da porta higienizada com álcool gel, e se permitir pensar nos pobres que ganham pra comer e não têm nenhuma reserva para sobreviver com o trabalho interrompido deve sentir um estranho aperto no peito e, se isto não estimular algum tipo de voluntariado, precisará requisitar, ao que eventualmente sobrou da sua consciência, um atestado definitivo de inutilidade social. A situação atual, pela gravidade e ineditismo, uniformizou o medo, e a pergunta recorrente "Quando isso vai terminar, doutor?" une a todos pelo mesmo sentimento: estamos assustados.

Lendo o relato comovido do dr. Ricardo Kroef, um emotivo do bem, tentando tranquilizar um velhinho de visão embaçada por catarata, que aguardou dois anos pela cirurgia e, no dia que foi chamado para agendar a internação, recebeu a informação, cruel mas necessária, de que as cirurgias eletivas da Santa Casa estavam temporariamente suspensas, fiquei pensando: como sofrem as pessoas sensíveis ao descobrir que envelhecer é ruim, envelhecer pobre é triste e, para piorar, só falta adoecer.

Ninguém quer escolher o final

HÁ UMA tendência de atribuir ao destino o que vai ocorrer durante a nossa vida e como ela terminará. Esta posição comodista é adequada aos preguiçosos e aos pessimistas, que por pura afinidade e vizinhança se confundem. Ora, se a regência do que ocorrerá conosco já está predeterminada e atribuída a um desígnio superior (seria isto Deus?), então faz algum sentido, por exemplo, lutar para crescer na vida e mudar de nível se a matriz parecer demasiado medíocre?

Os desocupados por vocação ou aposentadoria precoce diriam que não e completamente convencidos só mudariam de posição no sofá da quarentena moral dos acomodados por opção. Segundo a filosofia grega antiga, a presença de um poder superior (as moiras) estabeleceria o desfecho de cada um, retirando dos humanos o poder do livre-arbítrio, o que serviria muito para sublimar as bobagens que fazemos e aliviar a sensação de culpa que sempre acompanha, com justiça, a consciência do ridículo.

Nada desse modelo submisso se aplicaria ao que Paulo Vallarta, um insubordinado homem de 66 anos, oriundo de uma família pobre do subúrbio de uma capital do nordeste, escolheu para si. Uma vida realmente intensa fizera com que o adolescente, que viajara sozinho para uma metrópole só com roupa do corpo, se tornasse, em quarenta anos, um empresário brilhante, sempre reverenciado como modelo de determinação e empreendedorismo. E então, vá lá saber se por conta do tal destino, adoeceu. Sua primeira reação foi de incredulidade, porque afinal, "nunca usara nem uma aspirina".

E que primeira consulta difícil foi aquela! Com um ar que lhe conferia a sensação de ter o Google embaixo do braço, sentou-se. A postura nada tinha de arrogância, mas de algum jeito anunciava um não à submissão de argumentos frágeis.

Depois de muito tempo de convívio com pessoas inteligentes, aprende-se a reconhecer intuitivamente este tipo de atitude, e a planejar o início da abordagem. Então, tratar de entender tudo o que o paciente pensa do seu caso, e que convicções tem, antes de anunciar qualquer proposta médica, é fundamental. Compreenda-se que se no meio da consulta tivermos que reforçar a noção do risco inerente à sua doença, porque o paciente tem informações consistentes para contrapor ao que dissemos, será quase impossível resgatar a confiança na nossa opinião, um elemento básico para manter uma relação médico/paciente sólida e respeitável.

"Revisei todos os seus exames", aproveitando o silêncio para elaborar a introdução. Com avaliação

oncológica completa, chamava atenção a quantidade de flechas e palavras sublinhadas nos laudos técnicos. E a minha introdução devia, deliberadamente, eliminar as dúvidas principais: "O senhor não marcou esta consulta para descobrir o que tem. Só espero que o seu entendimento da situação tenha sido correto, porque aí fará sentido o que eu vou lhe dizer: se o senhor pensou em morrer, prepare-se para uma grande decepção. O senhor tem um tumor curável!".
Mal conseguiu balbuciar um "Mas eu li uma estatística!! Verdade, doutor?". E, como um menino, desabou num choro sacudido. Quando conseguiu se recompor, retirou da carteira a prova do seu desespero extemporâneo. Um cartão de visita escrito assim: "Soube que quem morre de câncer não pode doar os órgãos. Espero que ao menos as córneas sejam aproveitadas, e alguém possa ver as coisas que eu não tive tempo!". Droga que o corona tenha se atravessado na hora do abraço.

Nossas âncoras e o que somos sem elas

"Mas afinal o senhor crê em Deus, ou não? Pergunto isto porque tenho dúvidas se me entregaria a um ateu!"

Havia muita ansiedade pela minha resposta, e então, querendo entender melhor a priorização desta certeza, retribui perguntando: "O senhor não confia que Deus, impressionado com o tamanho da sua fé, guiará minhas mãos na melhor direção possível, considerando que é a *sua* vida que estará em jogo?".

Ele ficou um longo tempo em silêncio constrangido, até admitir: "Pois é, não tinha pensado nisso, mas talvez uma fezinha extra ajudasse!". Pronto, ficamos resolvidos. Não me importava mais a crença ou a falta dela. Não se pode barrar com obstáculos menores o afeto de um tipo que pensa com a transparência dessa cabeça!

Solidificada a relação, admitimos que, honestamente, ninguém tem toda a fé que o mais religioso apregoa, nem descrê tão completamente quanto o mais incréu alardeia. E concluímos que estas posições mais radicais, com a arrogância da certeza absoluta, são uma exclusividade da saúde perfeita. Qualquer ameaça, por sutil que seja, desencadeia um estímulo sacro que nos põe ajoelhados e de mãos postas, tornando-nos irreconhecíveis.

A possibilidade sempre assombrosa da morte tem este poder de exaurir nossas reservas de coragem e galhardia, e desnudos de qualquer brio fantasioso, nos socorremos de todas as âncoras afetivas disponíveis. E neste sentido a fé religiosa é inexcedível como consolo para os devotos e como provocação para os infiéis, porque esses sempre se sentem diminuídos diante de uma fé inabalável. Mesmo os que não creem, mas trabalham com o sofrimento alheio, são envolvidos pelo manto da esperança que emana da fé, e que, por ser muito intenso, quase se palpa, ainda que não se explique.

Por isso, o ser humano em crise com a descoberta de sua fragilidade prende-se a todas as estacas de sustentação e, neste sentido, nada como a religião, por ser uma entidade ao alcance de todos, sem discriminações nem teste de aptidão dos candidatos, e ainda a custo zero. Uma espécie de pronto-socorro da alma. Mesmo aos não religiosos, a atividade médica ensina a diferença da resignação diante do sofrimento. E, marcadamente, na sofreguidão da perda, o papel que a crença na vida depois da morte desempenha como único consolo na aridez espiritual do luto. De qualquer modo, discutir crença religiosa segue sendo uma tarefa ingrata, pois nada atrapalha mais a relação entre pessoas com níveis diferentes de fé do que a radicalização, esta geradora de conflitos milenares, responsáveis por mais mortes, ao longo da história, do que todas as epidemias reunidas.

Aos ocidentais choca que em outras civilizações se preservem ritos com algumas punições grotescas, embora precisemos admitir que o preceito de amputar a mão de quem rouba seja um indiscutível estímulo ao trabalho honesto.

Aos agnósticos sempre chateou a figura de um Deus que transferiu para a Igreja o papel de modelador do comportamento social através do castigo ao pecado, porque a gente queria tanto que Ele fosse só um grande queridão, desses sempre disponíveis para acudir na hora do apuro.

Talvez por isso tenham me impressionado tanto as tétricas figuras do *Juízo Final* que Aldo Locatelli pintou, com rara maestria, no teto da Catedral de São Pelegrino, situada a duas quadras da casa dos meus avós, em Caxias do Sul, onde rezei com medo, em férias da minha infância, quando eu ainda nem sabia o que era o pecado.

Onde foi parar a alegria de ser jovem?

Os reencontros de turma – e estou falando de uma turma graduada há mais de 45 anos – trazem, com grande frequência, a ressurreição, em tempo real, de um dos sentimentos mais marcantes da nossa juventude: a alegria.

Recapitulando algumas festas loucas e tantas bobagens irresponsáveis, percebemos que o produto final permanece intacto: o riso. E, lembrando, rimos de novo e riremos outra vez no próximo encontro, porque rir é tão bom que assumimos, inconscientemente, o compromisso implícito de preservar a razão do riso.

Nós festejávamos mais, amávamos mais, bebíamos mais, brigávamos mais e temíamos menos. Como nunca se tinha ouvido falar em assédio sexual, éramos mais carinhosos e espontâneos. Se nos referíssemos a alguém pela raça ou cor da pele, ninguém corria pra chorar no banheiro. No máximo, uma troca de baixarias e depois nos abraçávamos, sem melindres, pela mais óbvia das razões: ninguém podia ser diferente do que era, e a sinceridade áspera era preferível à simpatia mentirosa.

Como bullying (do inglês *bully* que significa *tirano, valentão, brigão*) não fazia parte do vocabulário da época, a gozação era livre, e nunca se soube de ninguém que tivesse recorrido à ajuda psicológica por sentir-se zoado demais. Não se pode dizer que a nossa turma era uma amostra irreal da juventude daquela época, pelo contrário, todos os tipos estavam representados. Alguns eram líderes naturais, e a maioria ficava com inveja por não ser como eles (naquela época havia a inveja boa!). Havia os espalhafatosos e os retraídos, os que gostariam de ser inteligentes e os que eram. E entre esses, alguns eram muito. Como seres humanos comuns, tínhamos uma maioria solidária na fraternidade e na gozação, e um núcleo de egoístas, que ostentavam uma certa arrogância, porque ingenuamente ignoravam o quanto a vida real seria intolerante com este perfil no futuro.

Os distúrbios comportamentais que atualmente têm ocupado tanto espaço em literatura leiga e científica eram raros. Numa turma de 125 alunos, com idade média abaixo de vinte anos na admissão, tínhamos dois colegas que à época não sabíamos classificar, mas que hoje reconheceríamos como emocionalmente instáveis. Ou seja, bem abaixo da média mundial atual, segundo relatório recente da OMS, que revelou um aumento nos últimos dez anos de 18,4% no número de pessoas com depressão. Aliás, atualmente este número corresponde a 322 milhões de indivíduos, ou 4,4% da população da Terra. Para piorar, os brasileiros estão elevando esses índices. No nosso país, 5,8% dos habitantes sofrem com depressão, a maior taxa do continente latino-americano. Estudos em andamento em universidades brasileiras revelam índices assombrosos de ansiedade entre jovens que deviam estar curtindo muito essa idade maravilhosa em que a única atitude inadmissível é sonhar pequeno. E a maior motivação, o desafio de estabelecer o tamanho do futuro. Este que sempre virá para premiar a quem teve coragem.

As carências de cada um

NUNCA, EM qualquer época, foi tão fácil a interação entre as pessoas. Certo? Completamente errado. A multiplicidade de formas de comunicação pode até ter criado a sensação, que cada vez mais se percebe como falsa, de que estamos juntos. Na verdade, jamais estivemos tão separados e solitários. Os seguidores das redes sociais, incorporados aos borbotões, podem criar a ilusão confortadora do quanto somos populares, mas isso não tem nada a ver com a disponibilidade de parceria, de alguém que nos ouça e, no máximo de fantasia, que nos afague e console. Esta solidão epidêmica certamente tem múltiplas causas, mas nada impressiona mais que o nível de angústia das pessoas recendendo a solidão, especialmente entre as mais humildes.

A revisão das fichas de ambulatórios do SUS e de convênios mostra um percentual altíssimo de consultas sem patologias orgânicas evidentes em que os pacientes, com dificuldades variáveis de expressar suas premências, acabam admitindo que estão carentes de quem os ouça. E então o médico é visto como um ouvinte, que além de gratuito nestas circunstâncias ainda é potencialmente qualificado, mesmo que, muitas vezes, não tenha treinamento nem vocação para terapias emocionais. Comove o grau de abandono, especialmente entre os mais velhos, de escassos vínculos afetivos e consumidos de solidão – esta doença cruel que, há algum tempo, foi incluída como entidade nosológica no Código Internacional de Doenças (CID) como Z60.2.

Não por acaso, há um índice crescente das taxas de suicídio entre velhos desiludidos e, quase inexplicavelmente, entre jovens sem motivação para envelhecer.

Então não surpreende que, neste mundo de carências tão explícitas, qualquer gesto de afago seja visto como uma declaração de amor, numa hipervalorização que só confirma o quanto estamos desesperados na busca de quem restaure a nossa combalida autoestima.

Um dia desses, saía da UTI e parei para segurar a porta por onde passava uma maca levando uma paciente idosa, empurrada por duas jovens sorridentes. Impressionado com o sorriso lindo da paciente e a serenidade do seu par de olhos muito verdes, comentei com uma das moças: "Tu viste a beleza do olho dela?".

Uma semana depois, uma senhora de 78 anos sentou-se na minha frente para uma consulta, encaixada na agenda por grande insistência. Elegantemente vestida, com uma peruca castanha substituindo a touca da quimioterapia e sobriamente maquiada, parecia outra pessoa, exceto pelo olhar inconfundível. Pediu desculpa por ter insistido no agendamento e foi sucinta: "Estou aqui só pra lhe dizer que naquele dia em que nos cruzamos na saída do bloco cirúrgico, eu estava saindo de uma punção e sentia muita dor para respirar, até que o senhor foi carinhoso comigo. Então, tendo que voltar para a minha terra e aproveitar o pouco tempo que me resta, eu não podia ir embora sem lhe dizer que seu elogio tem poder analgésico e lhe pedir que siga espalhando-o por aí!".

    E saiu, disfarçando uma lágrima, que conseguiu deixar o verde daquele olhar ainda mais bonito.

Como será que seremos?

CONFIANTES DE que tudo passará, porque tudo sempre passa, começamos a indagar de como seremos depois, na expectativa real de que o sofrimento não tenha sido em vão, porque senão toda a doença e toda a angústia não teriam sentido como experiências humanas. Os pacientes que superaram doenças graves confessam amiúde que se sentem melhores na comparação com o que eram antes.

A consciência da finitude, ainda que alguns disfarcem bem, sempre acompanha a ameaça, por sutil que seja, da proximidade da morte. E quando o fantasma é afastado, a euforia de continuar vivo desperta em cada um dois sentimentos definitivos: o da gratidão pelos que os apoiaram e, sofrendo junto, ensinaram a força maior da parceria incondicional. E, por consequência, a intolerância absoluta ao supérfluo, às queixas rasas e à picuinha.

Nestas infindáveis semanas de muitas perguntas, escassas respostas e nenhuma certeza, tenho recebido mensagens arguindo sobre as expectativas de mudança: Vamos mudar hábitos ou apenas acrescentar manias ao nosso cotidiano? Sairemos melhores ou piores depois dessa crise?

Estímulos não faltarão, respondo, para que nos tornemos melhores pessoas, mais conscientes da nossa fragilidade e, de alguma maneira, mais solidários pela descoberta do prazer que provoca o exercício da generosidade, que resulta em reconhecimento do outro. Aliás, não é por outra razão que os médicos se tornam viciados em gratidão. Por outro lado, sempre me impressionou o quanto é curta a memória dos homens nesta fase da modernidade repleta de sinais confusos, propensa a mudar com rapidez e de forma imprevisível, que Zygmunt Bauman chamou de "o mundo líquido". Infelizmente a nossa experiência histórica com tragédias, até maiores do que essa, foi frustrante, porque, muitas vezes, ficou evidente que a única mudança foi termos ficado mais rancorosos. De qual modo, vamos apostar na utopia e admitir que seria um grande desperdício se, passado algum tempo, descobríssemos que continuamos os mesmos: egoístas, intolerantes e irracionais. Na pior das hipóteses, que ao menos aprendamos o hábito saudável de, literalmente, lavar as mãos! Lembro que no agosto da epidemia da H1N1, com frascos de álcool gel pendurados em todas as portas, houve uma redução de 24% no consumo de antibióticos na Santa Casa, ou seja, sempre que a prática do "mãos limpas" ultrapassar os limites da metáfora, a saúde agradecerá.

Por ingênuo que pareça, seria ótimo que a herança sofrida deste episódio resultasse, pelo menos, em duas grandes lições:

- Que o planeta precisa ser considerado como a casa de todos. E que a responsabilidade de cuidá-lo seja vista como uma questão de sobrevivência da nossa e das gerações que virão. A alegria da população do norte da Índia subida nos telhados para admirar a beleza imponente da cordilheira do Himalaia, agora brilhando no horizonte que a poluição global borrou nos últimos trinta anos, precisa se tornar uma espécie de colírio do futuro.

- E que este choque de cruel realismo social abra nossos olhos para os favelados, que ouviram perplexos as recomendações prudentes de se manterem afastados uns dos outros e se perguntaram: como assim? Então eles não sabem que a miséria amontoa as suas vítimas e que o calor dos nossos amados é o único cobertor que nos resta?

Não podemos ficar inertes, delegando a Deus, ou qualquer que seja a ideia que se tenha Dele, a tarefa exclusiva de impedir que a doença dizime aqueles que, até aqui, resistiram à fome.

A humanização que qualifica

PODERÍAMOS COMEÇAR a discussão desse tema perguntando por que há tantas pessoas azedas em contato com o público? Esse tipo de gente, que está permanentemente deixando transparecer o desprazer de fazer o que faz, não pode, jamais, representar a fachada de uma empresa. O sucesso de qualquer organização que oferece serviço público começa com a seleção de quem vai ser oferecido a este contato. Nada contra quem trabalha no almoxarifado, até porque lá, como em qualquer lugar, tem pessoas generosas e bem-humoradas, mas a minha proposta em nome do sucesso de qualquer empresa é que todos os azedos sejam transferidos para este lugar invisível. Nunca o mal-humorado na recepção ou telefonia. Todo o cliente que for atropelado pela insensibilidade de um funcionário tenderá a falar mal da empresa como um todo, e esta generalização comprometerá a imagem global da instituição. Qualquer pessoa que esteja necessitando de ajuda espera, antes de tudo, ser acolhida com afeto e respeito, e isto só será oferecido por quem se sinta feliz fazendo seu trabalho.

A intolerância e a impaciência de quem está se sentindo obrigado a fazer o que faz serão percebidas instantaneamente, e não se pode pretender que o infeliz consiga conter sua revolta interior decorrente de estar desconfortável com seu trabalho massacrante, porque tudo o que se faz sem prazer massacra a autoestima. Quando esse cliente maltratado for uma pessoa doente, e por consequência com sua sensibilidade exacerbada, a exigência de delicadeza deve ser ainda maior. As pessoas que não gostam de gente por alguma estranha razão adotam a burocracia como escudo, subvertendo o sentido regulador deste código de condutas, indispensável para a manutenção da ordem social, mas não pode jamais se comportar como se quem fiscaliza fosse mais importante do que quem faz.

Muitas atitudes irracionais nascem da imposição de normas burocráticas que, para serem cumpridas, atropelam o bom senso. Se quisermos avançar, teremos que discutir o que afinal está por trás da má vontade de servir. Um grupo minoritário de indivíduos assumem que estão em um trabalho temporário, em busca pura e simples da sobrevivência, e nesta condição não conseguem mais do que disfarçar a infelicidade, enquanto aguardam uma oportunidade de fazer o que sempre ambicionaram. Nada se pode fazer por este grupo, exceto torcer para que consigam logo o que pretendem e desocupem o lugar.

Objetivamente todo o desprazer está relacionado com o equívoco na escolha profissional e o quanto isto representa de fonte implacável de infelicidade. A razão desta radicalidade é que, se abstrairmos os religiosos, temos que admitir que só existem dois caminhos para a felicidade: o amor e o trabalho. Além disso, há uma inegável interação entre essas vias, que geralmente se completam, mas infelizmente em outras tantas se opõem e, não raras vezes, se anulam. Tudo porque não é possível trabalhar mal e pretender ser muito amado, visto que não gostar do que se faz é sinônimo de trabalhar mal e caminho inexorável para a incompetência, cuja consciência detona a autoestima da vítima que não consegue impedir que todo o azedume de ser incompetente seja levado para o seu relacionamento afetivo. O desfecho desagradável é sempre previsível, porque os nossos cônjuges tendem a fazer comparação com nossos pares e ninguém se sente feliz admitindo que escolheu um fracassado. E ninguém ama um incompetente. Pelo menos não por tempo indeterminado.

A constatação de que o cidadão brasileiro, classe média, é um profissional com aposentadoria mais precoce, na maioria das vezes no dia seguinte ao do requisito de tempo de serviço atesta muito bem o que significa de desafogo interromper uma tarefa que não gerava prazer. Grande parte da opção profissional equivocada começa lá atrás, quando, muito jovens, se fez uma escolha baseada em modelos fantasiosos e, adiante, tendo constatado que errou, raramente se tem a coragem de assumir o equívoco, abandonar o projeto e recomeçar. O trabalho, qualquer trabalho, para quem odeia o que faz, funcionará sempre como uma forma de sofrimento, somente comparável com a penúria de quem adoece organicamente. Todo o trabalho visto como odioso pelo trabalhador se revela como uma enfermidade corrosiva e degradante. Além disso, esta forma de doença funcional, por todos os seus ingredientes, verdadeiros ou subjetivos, é altamente contagiosa e se espalha entre os circundantes com uma virulência inimaginável.

À semelhança da doença orgânica, na qual cada indivíduo diante da mesma condição patológica exibe sua maneira peculiar de sofrer, no trabalho isto se repete com graus distintos de entusiasmo, resiliência ou inconformidade diante de tarefas idênticas cumpridas por pessoas desiguais em ambição, sonhos, entusiasmo ou enfaro. Entre dois profissionais igualmente treinados, sempre prevalecerá o mais carinhoso.

Quem não entender isto estará fadado a acreditar numa figura lamentável: o azarado profissional. Os ingênuos podem supor que a alegria que sentimos ao fazer o que fazemos depende da importância que os outros dão ao que é feito. Felizmente não é assim, porque senão, aos que fazem as tarefas chamadas menores, só restaria a frustrante sensação da insignificância. E, com ela, o sentimento de inferioridade. Como o percentual de façanhas extraordinárias é muitíssimo pequeno, parece lógico concluir que a fonte geradora de alegria pessoal depende mesmo é da qualidade do que fazemos, seja lá o que façamos.

A Catedral de St. Paul, em Londres, erguida em homenagem a São Paulo, no século XVII, foi projetada pelo arquiteto Christopher Wren, que, segundo se conta, um dia, travestido de visitante comum, percorreu o canteiro de obras para ver como os operários trabalhavam e se impressionou com a diferença de atitude de três pedreiros: o primeiro não conseguia disfarçar o desconforto e frequentemente parava para secar o suor do rosto naquela tarde de verão, o segundo, em um esforço comedido, trabalhava em silêncio resignado, enquanto o terceiro exibia um entusiasmo incomum, assobiando ou cantarolando o tempo todo. Perguntado ao primeiro o que fazia, a resposta foi típica: "Sofrendo aqui com este trabalho miserável, neste calor horrível!". A resposta do segundo foi a expressão do seu comportamento submisso: "Ganhando o sustento da minha família, porque, afinal, tenho mulher e três filhos para alimentar!". O terceiro interrompeu a cantoria para responder ao cumprimento do estranho e, quando perguntado o que fazia, colocou na resposta todo seu orgulho: "Eu estou construindo a Catedral de Londres, meu cavalheiro!".

Não importa se o seu instrumento de trabalho é uma pá, um carrinho de mão, um pincel, um bisturi, um violino ou um laptop. Sua vida só será plena se lhe emprestar a sensação de que você está construindo, a cada dia, a sua própria catedral.

Consolar não é para principiantes

COMO CONSOLAR exige uma interação afetiva e temporal de sentimentos, e a empatia, que sempre foi escassa, nos últimos tempos encolheu, tudo passou a contribuir para fazer do consolo, como gesto humanitário, um grande desafio de sensibilidade. Esta dificuldade faz com que rituais como, por exemplo, o velório, que só se justifica pelo exercício do consolo e da solidariedade, se transforme, na maior parte do tempo, em suplício para quem tem que ouvir, e desespero para quem se dispôs a falar e antes de terminar a frase já percebe que o discurso não encaixou.

Grande parte do problema decorre da independência de sentimentos. O solidário na dor fala pouco, abraça muito, se comunica com o coração e tudo soa verdadeiro. Quem está apenas cumprindo a agenda da formalidade não consegue parar de falar e, como, de fato, não tem o que dizer, se socorre do instrumento mais pobre da linguagem oral: a frase feita. Esta é a maior tortura para o consolado e uma angústia para o consolador, que sempre termina a arenga com a sensação de alívio pelo fim da provação.

A frase mais ouvida "Tenha força!" não faz o menor sentido, porque estar muito triste não tem nada a ver com sentir-se fraco.

Alguns, percebendo que a tristeza é o problema, resolvem distrair o sofredor, contando histórias divertidas, presumivelmente vividas com o morto, e se sentem estimulados a acrescentar graça e proeza ao relato, porque a única testemunha possível não volta para confirmar. Nem a cara de desconfiança do filho, como a dizer "se isso tivesse ocorrido, eu saberia", consegue frear o falastrão, determinado a demonstrar, com ares de homenagem, que "um tipo com esta esperteza e coragem não enterramos todos os dias".

Um grupo especial é representado pelos mortos idosos, onde há uma tendência irrefreável de usar como consolo o argumento de que "afinal ele teve uma vida longa e feliz". Impossível saber quem deu início a este coronavírus da idiotice. Sem querer ofender o vírus, a referência é por conta da rapidez comparável da propagação.

Sempre que se ouvir esta frase num velório, pode ter certeza de que este consolador merecia um crachá que prevenisse o interlocutor da perda de tempo, anunciando: não tenho nada a ver com o seu sofrimento! Esta racionalização, em velório de velhos, só tem sentido para quem está afetivamente descomprometido a ponto de considerar, inconscientemente, que, tendo vivido mais que a média e não pretendendo tripudiar os mortos precoces, uma iniciativa bem razoável reservada ao velhinho é morrer!

Ignoram os rígidos de afeto que não se mede o significado da perda de alguém pelo que ele fez na sua vida, mas pela falta que fará na dos seus amados.

Mas esta percepção é uma exclusividade de quem amou e perdeu. Menos mal que, enquanto os que amam com os olhos podem esquecer, os que amam com o coração, não.

Em dúvida, confie no imprevisto

A EDUCAÇÃO e a cordialidade que nos tornam seres agradáveis ao convívio social envolvem doses consideráveis de hipocrisia. E muita coisa do que se diz, tendo tido tempo de preparar o que dizer, terá uma grande possibilidade de ser falsa. Então não se acomode com a declaração de afeto que faça parte de um discurso ensaiado. Quando um político estiver falando com um olhar que nunca encontra o seu, distraia-se à vontade, porque aquele discurso foi escrito por outra pessoa, contratada para ser agradável e agregadora. Concentre-se nas respostas dadas às perguntas que virão a seguir. Ali estará o pensamento real do orador, catapultado pelo imprevisto. No cotidiano, isso se repete tal qual, mesmo porque não há a ajuda do redator das frases agradáveis. Não ficou claro?

Não tendo como desenhar, vamos imaginar uma situação: duas personagens íntimas e duas frases atribuídas a cada uma delas. Então virá o teste para determinar o seu nível de credulidade.

A situação: uma viagem de carro, você ao volante, uma ultrapassagem forçada porque o caminhão em sentido oposto vinha mais veloz do que parecia. Um susto rápido.

Duas frases atribuídas aos passageiros.

1. Esposa amada de 35 anos de casamento. Duas frases possíveis:

    (a) "O que é isto, seu velho louco?!"
    (b) "Meu querido, que susto! Mais devagar, este carro não tem muito motor!"

2. Filha, 28 anos, amorosa como se espera de uma princesinha:

    (a) "Quer se matar, se mate sozinho, porra!"
    (b) "Ô paizinho, assim você me mata do coração!"

Claro que, por sorte, isto nunca aconteceu contigo, mas, a título de colaboração no entendimento de como se comportam as pessoas em emergências, registre silenciosamente as suas respostas hipotéticas.

Pronto? Então vamos lá: se você atribuiu (a) para as duas respostas e nem considerou que se fosse consigo sairia xingando todo mundo, você precisa ser reconhecido como um cara assumido, maduro, centrado e realista. Concordemos que ninguém merecia passar por uma tal saia justa para descobrir estas virtudes, mas fazer o quê, a vida pode ter dessas armadilhas.

Se optou por (b) para as duas, você é um crédulo incurável, e na sua idade nem vale a pena pensar em mudar. Siga assim, e não tenha medo de morrer porque a sua canonização está a caminho.

E, por fim, uma alternativa que tem que ser considerada: (a) na primeira pergunta e (b) na segunda. Como as aberrações genéticas são raras, sem fazer escândalo porque isso não combina com seu temperamento cordato (lembra?), providencie um DNA da menina.

São testes baratos e estão disponíveis. Ou, então, assuma que na década final nada seria pior que a solidão! E esqueça! Todo mundo ficaria estarrecido com a sua imaturidade senil de contar uma descoberta dessas. Pouca vergonha! E mais foco na hora de ultrapassar!

O muro do fim da vida

EM PELO menos noventa por cento das vezes, variando conforme a especialidade, o convívio médico/paciente envolve expectativa de retorno à vida normal, e o melhor médico, qualificado como um técnico de excelência, é o parceiro adequado para ajudá-lo nas opções de tratamento e na seleção das escolhas diante das encruzilhadas. Ou seja, nesta condição, o enfoque é convenientemente otimista.

A proximidade do fim inutiliza este discurso, e o paciente, que sempre sabe quando está morrendo, repudia as promessas mentirosas. E muitas abordagens de doentes terminais morrem antes da morte, na primeira frase vazia.

Por consequência, na hora de maior carência afetiva, o paciente se percebe emocionalmente abandonado, e médico que não teve a sensibilidade de perceber a diferença se sente desconfortável. E, reconhecido como inútil, se afasta.

Este momento mágico da relação médico/paciente precisa ser construído e respeitado com a percepção de que, tendo chegado ao muro do fim da vida, não há mais encruzilhadas, e com este paciente só se pode falar do muro para trás. E como o tempo encurtou, só interessam as ofertas que qualifiquem a despedida. E, neste transe, nada é mais importante do que o perdão, porque quase todas as pendências emocionais do fim da vida estão atreladas a ofensas bobas, picuinhas ridículas, amores omitidos e afetos negligenciados. Priorizar o controle do sofrimento físico e se oferecer para intermediar o resgate das relações amorosas dispersadas pelo caminho são ações que colocam o médico, emocionalmente bem resolvido para este desafio, num nível superior desta maravilhosa profissão.

Em todas as relações, estamos sempre perseguindo interlocutores capazes de ouvir o que precisamos dizer e retribuir com palavras que movam com reciprocidade os nossos sentimentos, e, muito especialmente, quando estamos solitários e assustados.

Um dia desses, resolvi chamar a atenção dos estudantes para a importância dos cuidados paliativos, considerando que mais de um milhão dos brasileiros que morrerão neste ano terão uma morte anunciada e precisarão de quem os proteja da solidão. A reação dos jovens foi de horror com a ideia de cuidar de pessoas que não têm salvação. Recomendei que lessem urgentemente *A morte de Ivan Ilitch*, de Tolstói, que elabora com genialidade o desterro do sofrimento solitário e a descoberta gratificante de Gerassim, um campesino escalado para cuidar do patrão quando ele já não tinha condições mínimas de autonomia, e que se revelou o parceiro mais confiável, capaz de ser sincero em assuntos que os médicos e a família só faziam mentir. Tolstói descreveu como ninguém a extrema solidão de quem, estando às portas da morte, tem que suportar as promessas falsas de quem não entende que o fim da vida é o território da verdade definitiva porque derradeira.

O Evandro, um amigo de longa data, tinha sido submetido a um transplante de fígado e desenvolveu um câncer de pulmão, claramente inoperável na primeira avaliação. Fui visitá-lo no hospital e o encontrei rodeado de familiares que contavam histórias divertidas do veraneio passado. A alegria do grupo pelo aparente fim da pandemia e o entusiasmo pelas próximas férias contrastavam de tal maneira com a situação dele, que das duas, uma: ou não percebiam o quanto ele estava doente, ou a ausência do Evandro não faria falta nas futuras noitadas no Conrad. Quando ficamos a sós, ele perguntou: "Eu estou morrendo, não estou?". E então retribuí: "você quer falar sobre isso, estou aqui para te ajudar!". Pela firmeza com que segurou minha mão, senti o significado pleno de se oferecer disponível em qualquer dia futuro. Até que não houvesse mais nenhum.

O orgulho do Pietro

ENTRE OS muitos eventos essenciais positivos na vida de uma pessoa, nada supera em intensidade o de se ter um filho. Pela mesma razão, nada é mais devastador do que perdê-lo, não só pela incompreensível inversão da ordem natural da vida, mas pela extinção aguda e definitiva dessa usina propulsora de toda a energia que nos move e nos impulsiona a partir do momento em que cheiramos o pescoço das nossas crias pela primeira vez e iniciamos a obstinada missão de dar a elas uma vida melhor do que a nossa.

José Saramago, magistral como sempre, definiu filho como "um ser que nos foi emprestado para um curso intensivo de como amar alguém além de nós mesmos, de como mudar nossos piores defeitos para darmos os melhores exemplos e de aprendermos a ter coragem". Ainda que ele conclua que como emprestados não poderemos perdê-los, na verdade sentimo-nos, o tempo todo, não como locatários, mas como os legítimos posseiros de suas vidas, sonhos e destinos. E da morte deles nunca nos recuperaremos, passe o tempo que passar.

A atitude diante da perda é que pode ser diferente. Ainda que a maioria transporte a dor da ausência para a tristeza amarga da solidão e envelheça inconsolável, alguns conseguem arregimentar forças para a preservação da memória viva através da prevenção de novas tragédias.

Quando o normal seria afogar as mágoas na aspereza da revolta e na aridez da incompreensão, alguns tipos emergem da catástrofe com a clara determinação de impedir que outras famílias sejam atingidas pela mesma dor que as mutilou.

De onde retiram essa energia? Não tenho ideia, mas sei que eles são especiais.

Ouçam o Beto Albuquerque contando da sua batalha para multiplicar por mil o Banco de Medula Óssea através da lei que recebeu o nome do seu filho, para evitar que morram outros Pietros, como o seu amado, que ele não conseguiu salvar.

Quando se depararem com a energia que ele tem no olhar, saberão por que ele é um ser superior. E entenderão a comoção que marcou o lançamento do Instituto Pietro, em homenagem àquele garoto de cara linda que sorria no painel, justo no dia em completaria trinta anos.

Parabéns, Beto, pela capacidade de sublimar o peso avassalador da tragédia para evitar que famílias desconhecidas sofram dessa dor, que basta ser pai para saber que continuará latejando no peito para sempre.

Tenha certeza de que enquanto viver uma só pessoa, salva pelo transplante de medula, teu empenho, coragem, resiliência e determinação serão reverenciados, e enquanto viveres serás a imagem irretocável da gratidão, sempre o melhor antídoto do esquecimento.

Obrigado, amigo, e eu te garanto que o Pietro está muito orgulhoso do pai que ele amava tanto e que deixou para trás com a incumbência de representá-lo.

O punhal da palavra

UMA DAS experiências mais ricas que se pode enfrentar no mundo encantado da dialética é a dissecção das frases, em qualquer idioma, assumindo que nenhum instrumento de corte pode ser tão afiado quanto a palavra. Se não bastasse a gravidade do que se diga, ainda se pode atormentar o interlocutor com o jeito de dizer, quando a linguagem corporal pode ser o camaleão do serial killer da comunicação, e tudo de um jeito angelical, como convém aos dissimulados. Os sádicos, na tendência espantosa de tornar pior o que já está péssimo, se servem de metáforas, verdadeiros punhais que brilham sedentos aos olhos atônitos da vítima, que daria tudo para ter certeza do que realmente está sendo dito. E o cérebro mediano, estarrecido pela ameaça, latente, mas ainda incerta, finge sorrir para aparentar firmeza, e tudo o que se vê é o medo da notícia, que agora já aperta a garganta de terror, e, se não fosse tão vergonhoso, ele choraria.

Há uns quatro anos, a *New Yorker* publicou uma pesquisa feita em rede social para determinar qual seria a pior frase para se iniciar uma conversa. Uma relação de dez sentenças foi oferecida como sugestão, e os leitores do semanário puderam votar. Com mais de 75% dos votos, a frase selecionada foi: "Eu posso ser sincero com você?". Em tese estamos todos de acordo que nada de bom poderá vir depois desta introdução, e em termos gerais, a vitória por goleada se justifica. Mas também é verdade que existem frases, em situações específicas, que mereceriam pelo menos uma menção honrosa:

- O chefe do setor interpelando o funcionário novato: "Não é que eu não confie em você, mas você poderia me explicar...".

- O paciente pergunta ao médico se o caso dele é muito grave e ouve uma resposta preocupante: "Eu só espero que o senhor tenha um bom plano de saúde!".

- A esposa, na incontrolável necessidade de discutir a relação, anuncia ao maridão, com frases silabadas, que: "Nós precisamos ter uma conversa". Se este primor de amabilidade conjugal for acrescido do adjetivo "séria", já pode ser classificado como ameaça de morte.

- O patrão, preocupado com o desequilíbrio financeiro da empresa, convida o funcionário mais antigo para um inesperado primeiro cafezinho depois de décadas e, meio constrangido, dispara: "Estamos numa fase de contenção de despesas e preciso que você me ajude a te ajudar!".

- O marido, depois de mais uma sessão de bate-boca, anuncia que não está mais aguentando aquele casamento e que o melhor é ir cada um para o seu lado. E a esposa, com o mórbido olhar de superioridade de quem sabe do que está falando, antecipa: "Por mim tudo bem, mas eu sei dos meus direitos!!".

- O guarda de trânsito, colocado estrategicamente logo depois da sinaleira, com um ar de falsa curiosidade: "O elemento é daltônico?".

Nesta altura da crônica, me dei conta de que a lista é infindável, e poderíamos inaugurar uma pesquisa por e-mail de diferentes frases vividas ou ouvidas que tenham, por cinismo, deboche ou crueldade, condições de serem classificadas como AS PIORES. A pesquisa pretende apenas aprender um pouco mais sobre as múltiplas formas de anunciar o que ninguém quer ouvir, mas que tantas vezes ouvimos, simplesmente porque não podemos escolher o que os outros são capazes de dizer. E, claro, os colaboradores terão a confidencialidade preservada.

As piores frases

A ESTIMULAÇÃO dos leitores em busca das Piores Frases rendeu. Mais do que eu imaginava. E não escolheu idade. O menino de onze anos selecionou: "Você quer que eu conte pro seu pai?".
E um avozinho, lúcido e determinado, pediu para a cuidadora mandar por e-mail seu modelo de frase deprimente: "O senhor tem que lembrar de chamar *antes* que aconteça!".
Passando por este consolo, uma raridade absoluta: "Isso acontece, daqui a pouco a gente tenta de novo!".
O falso confidente se revelando: "Vem cá. Senta aqui. Deixa te contar uma coisa!".
Afora o desespero, qual a justificativa para esta pérola: "Não é nada disso do que você está pensando!".
Por que toda a relação tem que terminar com esta explicação cretina? "O problema não é você, sou eu!"
"Não entenda como uma crítica a você, mas com todo o respeito..."
O leitor que escolha a pior frase, na pergunta: "Você acha que eu estou gorda?", ou na resposta: "Um

vestido liso, de cor escura, combinaria melhor com seu tom de pele!".

Da namorada, esposa ou amante: "Eu preciso de alguém ao meu lado, que me compreenda...".

Político em campanha entra no velório de um desconhecido e abraça a viúva: "De que morreu meu amigo?", "De pneumonia...", "Simples ou dupla?", "Simples", "Ainda bem!".

"Não toco mais no assunto enquanto a sua mãe estiver viva! Um dia desses a gente conversa..."

A sogra na primeira visita do candidato a genro: "Você é muito namorador?". E o sogro, na mesma situação: "Você trabalha em que?".

E o consolo fajuto de mãe: "O que estão falando de ti só pode ser por inveja!".

"Antes de mais nada, deixe lhe dizer que achei a sua entrevista ótima, mas..."

Algumas frases têm a mesma força maligna: "Eu vou contar até três!" ou "Quer que eu conte daquela noite em que você bebeu?".

"Não que eu ache que você é, obrigatoriamente, racista!"

Que tal esta saia justa? "Se eu te fizer uma pergunta, você me responde com sinceridade?".

"Qual das duas notícias você quer ouvir primeiro?"

Casal habituado a chamar um ao outro por um apelido carinhoso e, de repente, o uso do nome correto, podendo piorar quando se inclui a aspereza do segundo nome, uma coisa do tipo: "Maria Cristina!!".

É possível um médico acreditar que um paciente possa se tranquilizar com esta introdução? "O senhor deve saber que a medicina tem avançado muito!"

Obrigado pela acolhida e pelo carinho reiterado das mensagens. Valeu!

O afeto está nos pequenos detalhes

Mesmo os eternamente peregrinos, com alta rotatividade de aposentos ocasionais, aprendem a valorizar a funcionalidade dos ambientes e reconhecem que voltar para casa, ou encontrar um lugar que ao menos lembre o canto que cada um chama de seu, é, com alguma frequência, o melhor momento de uma viagem cheia de bons momentos.

Se isso é assim na saúde e felicidade, imagine-se o grau de dependência do afeto ambiental de quem se sente pra baixo porque adoeceu. Os melhores hospitais do mundo, historicamente, se limitavam a albergar os pacientes em condições hoteleiras satisfatórias, a oferecer tecnologia de ponta para assegurar todas as facilidades diagnósticas e a garantir que nada faltasse da terapêutica determinada pelo corpo clínico-cirúrgico mais especializado.

Teoricamente, isso era tudo o que se podia conceber para que a melhor medicina fosse oferecida aos seus privilegiados pacientes. Entretanto, como o nível de satisfação da clientela nunca se aproximava do pretendido, começaram os questionários em busca do hospital ideal, o que, como era de se esperar, abriu a porta aos queixosos.

Nessa altura, houve o claro entendimento de que, antes de tratar as doenças das pessoas, temos que cuidar das pessoas que adoeceram. E para essas criaturas fragilizadas, um ambiente com luz natural, uma cor alegre nas paredes do quarto, a disponibilidade de um sistema de som que lhes permita ouvir as suas músicas, um terminal para uso do laptop ou a autorização para usar o celular na UTI significam muito mais do que a modernidade dos monitores ou os requintes técnicos do tomógrafo de última geração. E por quê? Porque uma coisa é o que existe para o resto do mundo, e outra o que percebemos como nosso. Ou seja, a tecnologia pode tornar o hospital mais famoso, mas não diminui a solidão, e isso é o que o sentimos.

As pequenas coisas, essas que nos dão prazer, representam um patrimônio pessoal que festejamos por conservar ou lamentamos por perder. A conexão com o mundo virtual servirá, ao menos, para preservar a sanidade emocional ameaçada pela perigosa junção de medo e solidão. Sentir-se vivo está diretamente condicionado a estar conectado ao mundo exterior através de todos os instrumentos sensoriais.

A quebra dessas conexões amplia a distância entre a saúde e a doença e, no mínimo, retarda a recuperação. Quando perguntei ao Raul como tinha sido sua passagem por uma das melhores UTIs do mundo, onde lhe restauraram a vida depois de um procedimento de altíssimo risco, ele foi sucinto: "Aquela porra não tinha wi-fi!".

Impressiona a variedade de exigências de quem está consumido pelo medo da morte, e, com todos os sensores ligados, nada lhes escapa da avaliação crítica, e tudo é importante, indispensável e intransferível.

Quem não entende isso devia evitar a proximidade com pessoas doentes. Essas criaturas fazem exigências que os saudáveis impacientes consideram fúteis. Porque simplesmente não aprenderam ainda que, quando nos sentimos diminuídos pela doença, qualquer perda adicional, não importa o tamanho, parecerá insuportável. E ninguém sente a dor que dói no outro.

O poder identifica o caráter
(de quem tem)

"Se quiser pôr à prova o caráter de um homem, dê-lhe poder."

ABRAHAM LINCOLN

O DIRETOR-GERAL de um hospital universitário se aproxima da cancela e, depois de uma apalpadela agoniada, percebe que deixara o crachá noutro avental. Começa, então, a explicar ao funcionário novo o que ocorrera, iniciando por: "Eu sou o dr. Fulano, diretor deste hospital, e esqueci meu crachá. O senhor pode abrir, por favor?". E então a resposta orgulhosa do funcionário encantado com o poder que o cargo lhe conferia: "Por este portão, sem o crachá, nem o Papa!". O pragmatismo da resposta eliminava qualquer possibilidade de continuar o diálogo, e só restou ao nosso diretor ligar para sua secretária avisando que se atrasaria uns quarenta minutos, tempo de ir ao consultório e voltar equipado com a credencial. Contou-me depois que estava determinado a escrever uma crônica sobre o assunto. Lembro que gostei do título proposto ("O grande poder das pequenas pessoas"), mas, de fato, não sei se chegou a escrevê-la.

Esta história pode ser vista por vários ângulos, a começar pela fidelização ao cumprimento das normas impostas à função de porteiro, mas ela encerra mais do que isto: o centro da questão é o orgulho com a intransigência anunciada. A referência ao Santo Padre foi só um requinte para ilustrar o quanto ele estava fascinado com o poder, que lhe permitia eliminar as exceções, quanto mais não fosse para que soubessem com quem estavam lidando.

Transfira-se esta condição para os degraus mais altos do poder real e percebe-se que a capacidade de subversão da atitude civilizada é, na essência, exatamente a mesma. Claro que com consequências mais danosas, porque mais poder significa hipertrofia da capacidade de fazer o mal. E na trilha da psicopatia, um pouco adiante, encontraremos aqueles capazes de exultar com o tamanho do estrago na vida dos atingidos.

Por isso a concessão de poder não pode ser aleatória: nem todas as pessoas preservam a dignidade ao se sentirem comandantes. Na verdade, algumas nunca poderiam ser mais que subalternas sem se tornarem insuportavelmente prepotentes.

Nas grandes empresas, na universidade, na fábrica, no sindicato, no hospital ou na vida, identificam-se espontaneamente os líderes verdadeiros, aqueles que mandam sem se sentirem chefões, porque têm a exata noção do poder que lhes assegura a tarefa oferecida por merecimento.

Em contrapartida, são insuportáveis os que foram guindados à chefia por parentesco, influência política, laços matrimoniais ou amizade com tipos que antigamente tiveram poder. Provavelmente o cargo novo libera o ego reprimido, que, ao se sentir poderoso, solta as amarras do ressentimento arquivado por décadas. Curiosamente, estas pessoas sempre terminam mal porque, ao se colocarem acima da realidade, cometem erros primários, e no fim do mandato se sentem como vítimas frágeis e assustadas, como são, na ressaca, todos os herdeiros bastardos da prepotência irracional.

Muitas vezes, essas pessoas terminam tão pobres que a única coisa que lhes resta é o dinheiro, que, como se sabe, pode impressionar os tolos, mas não ameniza a insignificância do insignificante.

Misericórdia: não desista de merecê-la

NUNCA COMETA a insanidade de subestimar a força moral dos misericordiosos, eles são superiores e se alimentam da energia inesgotável de fazer o bem, este combustível que dispensa aditivos.

Em português, o termo *misericórdia* vem da junção de duas palavras latinas, no caso, *miseratio*, que deriva de *miserere* e significa "compaixão", e *cordis*, que significa "coração". Logo, misericórdia significa algo como "coração compadecido", no sentido de ter compaixão pelo sofrimento e a dor de alguém.

Preparando uma conferência na universidade e estimulado por uma crônica do Pondé, fui à cata dos comentários rabínicos da Criação, onde reza a lenda que, lá no início, quando Deus, pensando em criar o homem e a mulher, resolveu consultar seu parlamento sobre se devia ou não fazê-lo. Primeiro, ouviu a Justiça, que O desaconselhou: "Eles vão criar problemas, não vão te obedecer, isto aqui vai virar um inferno, desista da ideia".

A seguir, buscando um contraponto, chamou a Misericórdia, que argumentou: "Olha, é provável que eles tragam algum incômodo, sim, mas tenho certeza de que algumas vezes eles serão tão maravilhosos que vai valer a pena". Então Deus teria tomado a Misericórdia nas mãos e jogado ao chão com toda a força para que ela se estilhaçasse em mil pedaços, e sentenciou: "EU vou criar o homem e a mulher, mas eles vão passar a vida catando cada pedaço de misericórdia espalhado sobre a terra".

A sentença era explícita: como somos seres imperfeitos e pretensiosos, arrogantes e egoístas, incapazes de almejar o bem absoluto, estamos fadados ao erro, a enfiar os pés pelas mãos, a fazer coisas que desagradam aos outros, a sentir inveja e ódio, ou seja, estaremos sempre dependendo da generosidade alheia para sermos perdoados. E ninguém discute que só merece perdão quem for capaz de perdoar.

A agressividade crescente e a intolerância latente com cada gesto do outro sugere que ou estamos imunes ao sentimento de culpa, ou não estamos nem aí para sermos ou não perdoados.

Tenho a sensação de que a grande qualificação da medicina, determinando a progressiva protelação da morte, tem estimulado um conceito equivocado: a longevidade não é sinônimo de eternidade, ainda que haja um número crescente de interessados em confundi-las.

O certo é que estamos cada vez menos preparados para a despedida. Refugiados nas redes sociais, associamo-nos à maior usina de ilusões, e na disputa por ver quem fantasia melhor falando bem de si mesmo, estaremos sempre a um passo de acreditar que "essas coisas referidas aí acima nunca acontecerão comigo!". E, neste processo de negação protetora, vamos construindo o pior binômio emocional para o adeus: a aliança da tristeza da doença com a tragédia da solidão.

Não escolha o dia, abrace

"Estou aqui porque a junta militar, formada pelos meus três filhos, numa ditadura sem tréguas, determinou que eu viesse consultar contigo. E marcaram a consulta antes de me comunicarem da decisão, e que era pra hoje para que não houvesse tempo pra discutir o decreto deles. Ou seja, me tornei um pau mandado."
Assim o Edmundo iniciou a consulta. Não havia mágoa no comentário, feito com alguma ameaça de sorriso. Apenas submissão, este ingrediente que tende a aumentar na medida em que, mais ou menos sutilmente, por conta do envelhecimento, somos considerados cada vez mais dependentes, e nem reclamamos, porque, afinal, somos.

Na história da civilização, esta troca natural de comando é relativamente recente, mas se tornará cada vez mais frequente depois que a morte passou a ser prorrogada por tempo inimaginável, se compararmos com os padrões do início do século passado. Assim o antigo herói imbatível que ocupou o imaginário da prole durante três ou quatro décadas, mas que morria antes de conhecer a decrepitude, passou a viver mais e com isso se deparou com as limitações físicas da idade e descobriu que as mudanças bruscas de posição podem provocar tontura, que as articulações têm prazo de validade, e que a bexiga tem uma ousadia insuspeitada e pode inclusive tomar iniciativas constrangedoras, sem consultar a matriz.

E então, chega o momento que Carpinejar definiu com sua habitual genialidade: o filho se torna pai do próprio pai. A partir deste ponto a relação do filho com o seu velho passa a ser a imagem invertida no espelho do que foi o convívio até então, e se descobre, com clareza cristalina, que o afeto na família é um sentimento regido pela lei implacável da reciprocidade. Tudo porque, não havendo como se encantar com o que está, temos que cultuar a memória do que foi. E esta relação com o retrovisor do nosso afeto é que estabelecerá os termos do convívio até o fim do futuro.

Tão variado é o carinho nas relações com os filhos, e tão surpreendentes as lembranças arquivadas com amor e saudade, ou com ressentimento e mágoa, que não há nada mais imprevisível para o médico que passou a fazer parte do cotidiano daquela família do que a reação diante da notícia boa que manda soltar o riso, ou do anúncio de sofrimento e perda, que devia apertar o peito e doer a garganta.

Os lúcidos até o final ainda têm uma última chance de batalhar pelo resgate do amor omitido ou do perdão negligenciado, mas os que perderam contato com a realidade se tornam joguetes do afeto dos filhos. Os que adoram seus velhos, porque foram muito amados, cuidarão com desvelo dos seus queridos, porque precisam retribuir o que receberam e têm a pressa de quem sabe que não há tempo a perder, porque o amanhã perdeu a garantia. Entre esses está o Carlos Edu Bernardes, que postou uma mensagem comovente: "Meu pai tem Alzheimer e todo dia me pergunta que dia é hoje. Eu digo sempre que é o dia dos pais e lhe tasco mais um abraço!".

O escasso tempo da esperança

Para falar desse tempo, precisamos partir da premissa que tudo vai passar pela mais simples das razões: tudo sempre passa. Quanto tempo vai demorar e como seremos depois são as perguntas obrigatórias.

Na falta de resposta à primeira pergunta reside nossa ansiedade atual. E por quê? Porque precisamos de alguma certeza, um mínimo de certeza, para interrompermos o medo do futuro, e porque a esperança se alimenta de prazos. Sem prazos definidos, trocamos a esperança pelo desespero.

Discutir como seremos depois é mera especulação, sem nenhuma metodologia científica, porque não temos nem grupo de controle!

Tenho sido solicitado a opinar se acho que seremos pessoas melhores, e a minha resposta, sem muita confiança, é que estímulos não faltarão depois dessa angústia que a nossa geração não conhecia, a do sofrimento coletivo, no qual ninguém se sente protegido. Que serviu para delatar o quanto somos pequenos e frágeis, e que temos vergonha de admitir que éramos uns pretensiosos, e que bastou um vírus invisível para expor nossas fraquezas e espalhar o pânico, que assusta a todos democraticamente. É difícil projetar como seremos sem analisarmos como estamos sendo. Em parte, porque somos originalmente complicados, o confinamento tem mais criado tumultos familiares do que aparado arestas, como bem relatam os psiquiatras e psicólogos, que têm trabalhado muito tentando domesticar esse selvagem, metido a *sapiens*, que trocaria qualquer coisa pela liberdade.

Essa quarentena impôs uma pausa compulsória na nossa rotina, afastando-nos dos pacientes que eram nossas generosas usinas de gratidão. Mas também do contato físico dos nossos amados. E, se esses amados forem nossos netos, estaremos diante de uma dívida irresgatável.

Sempre soubemos que a inatividade enlouquece, especialmente aos otimistas, que nunca suportaram assistir que os outros façam. É da personalidade do otimista fazer parte do que esteja sendo feito, enquanto o pessimista, sempre um grande preguiçoso, só tem que pachorrentamente esperar que dê tudo errado, como ele sempre previu!

O problema é que a população com reserva para sobreviver a esta parada, sem estresse econômico, é de apenas dez por cento dos brasileiros. Então precisamos dos noventa por cento para quem a paralisação só serve para aumentar a impossibilidade de pagar o armazém da esquina.

Para os sobreviventes é razoável esperar, mesmo estando esta esperança contaminada pela utopia, que toda esta agonia, que faz com que você acorde cansado de não ter feito nada, contribua sim para que nos tornemos pessoas melhores, e que esta possível melhora seja duradoura, porque as experiências prévias, com tragédias até maiores do que esta pandemia, resultaram mesmo em pessoas mais rancorosas e vingativas.

Talvez o mais assustador seja o reencontro com o que sobrou, porque tantos hábitos se modificaram, tantos empregos sumiram, tantas atividades provavelmente nunca se recuperarão, que é possível que tenhamos que ser redescobertos, e com muitos sustos no inventário de tantas perdas. Não há nenhuma dúvida de que, como sociedade, sairemos desta crise economicamente mais pobres, então só restará como consolo que tenhamos sobrevivido como parceiros mais solidários e mais generosos.

Se nem isso conseguirmos, então todo este sofrimento terá sido uma jornada desperdiçada nas tantas noites maldormidas da incerteza. E em troca de nada? Será uma lástima se sobrar apenas uma lembrança amarga e inútil.

Quando a inércia é uma escolha

CONQUISTAR o afeto de uma criança é mais simples, porque a alma infantil está mais disponível às manifestações carinhosas de quem se aproxima. Quando o alvo da conquista afetiva é um adulto, dá muito mais trabalho porque, por ter vivido mais, ele está potencialmente contaminado pela desconfiança. Como toda a desconfiança é amarga e triste, sempre me encantou a descoberta de adultos que, tendo vivido longe da hipocrisia da chamada civilização moderna, se conservaram irretocavelmente puros.

E muito deprime ver que essa pureza, tornando-os mais vulneráveis, abriu a porta aos aproveitadores da inocência.

Numa tarde, pouco inspirado, atendi no consultório um nordestino que tinha sido encaminhado para tentar um transplante que lhe substituísse os pulmões destruídos por inalação de pó de pedra durante os treze anos em que trabalhara com perfurador de poços artesianos. Quando, estupidamente, lhe perguntei se a experiência prévia de perder três irmãos da mesma doença não lhe motivara a fazer outra coisa, ele respondeu:

"Bem se vê que o senhor não sabe nada do sertão. Lá a gente tem que escolher entre a fome e a falta de ar, e a gente acaba escolhendo a falta de ar, porque a fome mata mais rápido!"

Meu desconforto foi tão grande e tão persistente, que resolvi mergulhar nesse mundo em busca de redenção e descobri que *Vidas secas*, de Graciliano Ramos, é o caminho mais curto para entender um pouco da vida miserável desses nossos concidadãos.

Claro que a maneira mais eficiente de se manter afastado de um drama real é tratá-lo como se fosse ficção. Mas quem quiser saber um pouco mais só precisa acompanhar a odisseia do Fabiano e sua pequena família, em obstinada peregrinação pela inclemência do nordeste, cumprindo o mais primitivo dos instintos: a busca de comida para a sobrevivência. E ainda ter tempo de se encantar com o afeto que dedicavam à Baleia, uma cadelinha de estimação, parceira indefectível na via-crúcis daquela família.

O objetivo desse mergulho numa realidade que desconhecemos é resgatar algum resíduo de sensibilidade que possa ter resistido às estratégias mais insensíveis de como vencer na vida a qualquer preço, ensinadas em manuais de autoajuda, entre os quais *Seja foda!* é o maior sucesso de vendas.

Se você, que me acompanhou até aqui, ainda não se sentiu de nenhuma maneira sensibilizado, vamos fazer uma última tentativa: entre no YouTube e ouça durante 5,1 minutos o relato de Leonardo Bigio descrevendo a morte da Baleia numa eutanásia executada por Fabiano, quando suspeitou que o pobre animal estava com hidrofobia. Chorar ao ouvir é a nossa expectativa básica.

Claro que sempre haverá a possibilidade de que esse relato também não lhe comova, e encerramos o experimento.

E, por favor, sem nenhuma crítica, siga em frente com a indiferença que o trouxe até aqui.

Existem, e merecem todo respeito, aqueles que optaram por cuidar apenas das vidas que conseguem ver: as suas. Mesmo com a evidência do quão monótono e solitário deve ser o ocaso de quem escolheu envelhecer com os olhos secos.

O que oferecer quando não há o quê?

TINHA SIDO uma noite difícil, os marcadores de infecção progressivamente piores, a frequência cardíaca alta e a dificuldade de obter-se um equilíbrio entre o nível de sedação do Luciano e o regime ventilatório proposto pela máquina. O cansaço físico é um mau conselheiro e multiplica desânimos, mas por mais que me esforçasse para encontrar uma notícia que prenunciasse alguma mudança de rumo, minimamente otimista, tudo dizia que não.

A mãe, viúva, uma mulher muito bonita, com uma elegância desafiadora para a situação, levantou-se quando saí da UTI e, com um neto em cada mão, preparou-se para ouvir. Metade pelo desespero de poupá-la, e metade porque não conseguiria dizer o quanto o pai estava mal aos seus filhos adolescentes, inventei uma esperança mentirosa.

Interpretando a mensagem positiva como uma frágil trégua na novidade assustadora do sofrimento, os garotos ganharam da avó o direito ao pátio ventoso.

Sem outras testemunhas, a mãe do Luciano me abraçou para agradecer: "Obrigado, doutor, por me dar um tempo a mais para preparar os meninos. Quando vi o seu ar de desânimo saindo da UTI, mais do que temer a verdade integral, eu entendi naquele instante que meus netos não suportariam o baque de perder o pai. Agora vou ter que achar um jeito de administrar a revolta!".

Para mim aquela conversa foi reveladora do quanto o jeito de sofrer é individual. Pensaria sempre numa mãe de único filho como o ponto fraco da cadeia familiar do sofrimento, mas ela estava lá, impávida, choro por dentro e rocha por fora, porque alguém precisava manter o equilíbrio e preservar nos netos, pelo tempo que fosse possível, o que ela já perdera no filho: a esperança.

A verdade absoluta, que não pode ser omitida da família ou de quem a represente, não deve ser dividida com o paciente sem que ele tenha manifestado o desejo explícito de conhecê-la. E, ainda assim, não se pode esquecer que muitas vezes, no desamparo da situação, a pergunta direta "Eu vou morrer, doutor?" tem apenas a pretensão desesperada de ouvir a negação confortadora.

Toda a informação infausta em um único pacote é, antes de tudo, crueldade. Ninguém tem todos os escudos de defesa disponíveis no primeiro instante de um enfrentamento que precisa ser amadurecido com a solidariedade dos amados, a parceria dos amigos, a confiança nos médicos e qualquer outro recurso subjetivo, incluindo fé e negação.

A sensibilidade médica é o maior requisito para transitar neste terreno movediço. E ela deve se expressar pela capacidade de filtrar informações desnecessárias, de evitar promessas falsas de tratamentos milagrosos, e de jamais abrir mão da oferta de parceria, porque não há nada mais generoso neste transe de dor do que o paciente saber, sem que ninguém lhe tenha dito, que mesmo quando não houver mais nada para fazer o médico que foi capaz de plantar aquela confiança ainda estará ao lado dele.

Até o fim.

Perdão.
O melhor começo do fim

O Alfredo era um homem velho, como são quase todos os Alfredos, e estava doente e escalado para ser um dos 900 mil brasileiros que naquele ano morreriam de morte anunciada; e quanto ao desfecho que se acercava não havia nada que pudesse ser feito para evitar. Quando o soube viúvo, comecei a entender a sua solidão, mas ainda assim surpreendia a falta total de familiares, e me dei conta de que o horário de visitas acentuava seu sofrimento solitário e silencioso, em contraste com a enfermaria ruidosa pela presença de numerosos visitantes dos outros pacientes.

Durante três dias, na mesma semana, aproveitei aqueles intervalos para conversar com ele e perguntar se havia algum parente que gostaria que avisássemos da sua condição de enfermo. Ele, meio acabrunhado, confessou que parentes ele tinha, mas os que viviam mais perto nunca vieram visitá-lo enquanto estava saudável e, então, "agora eu não preciso que venham só para descobrir como ficou minha pele encostada no osso! E o meu irmão Osmar, com quem eu precisava muito conversar antes de partir, mora lá pra cima, nesse estado novo que tem nome de rio!".

E me entregou um papel meio surrado com um número de telefone, e o DDD 63 indicava a cidade de Palmas, no Tocantins. Naquela noite fiz a ligação, confirmei que o Osmar atendia àquele número e me despedi depois que ele rejeitou a minha oferta de telemarketing propondo uma troca de operadora.

No dia seguinte, emprestei-lhe meu celular com o número do Osmar no visor. Quando voltei, uma hora depois, o Alfredo chorava, mas as lágrimas que escorriam não pareciam de sofrimento.

Quando cheguei, abriu um enorme sorriso e confessou: "Acho que aquele filho da mãe não acreditou muito quando disse que tô alinhavado, mas o importante é que a *gente se acertemos!*".

A impressionante redução das doses de analgésicos depois daquele dia em que ele, do seu jeito tosco, resolvera uma rusga estúpida, deixou claro que as feridas da alma, tão avivadas com a proximidade da morte, precisam mais do que drogas injetáveis para serem atenuadas. E que, no fim da vida, o perdão substitui qualquer sedativo.

Dias depois, com a serenidade de quem está pronto, ele me chamou para dizer:

"Ah, doutor, quase me esqueço de lhe agradecer por ter-me emprestado o celular, aquilo foi muito bonito."

"Que bobagem, Alfredo, a ligação para aquele estado que tem nome de rio nem é cara!"

"Mas e o quanto custam aquelas visitas que o senhor me fez só para que eu não me sentisse sozinho com a enfermaria cheia de parentes dos meus colegas?" Nunca soube se o Osmar, de fato, planejara vir como o Alfredo disse que ele prometera. O certo é que jamais apareceu. Talvez ele pretendesse mesmo, mas vivia longe demais para saber o quanto a pele do irmão já se aproximara do osso.

Opinião todo mundo tem

"Neutro é um cara que já escolheu o lado do mais forte."

Max Weber

Não importa se inteligente ou debiloide, inspiradora ou deprimente, avançada ou sectária, corajosa ou frouxa, opinião todo mundo tem. O problema começa quando há que decidir o que fazer com ela. Um grupo, infelizmente restrito, tem opiniões firmes e nenhuma dificuldade para anunciá-las pois não teme divergências, até porque foram geradas pelo contraditório, o que justifica que esteja vigilante com o que se diz.

No outro extremo, uma legião de opiniáticos potenciais, sob o argumento de que preferem cuidar das suas próprias vidas, nunca emitem qualquer opinião que possa encontrar adversários, preconcebidos por eles como ameaçadores e cruéis. Esses, em geral, preferem jamais se manifestar e ficam na expectativa pusilânime aguardando o que vai acontecer, mesmo havendo evidências de que não acontecerá nada. A modernidade ofereceu ao grupo dos frouxos a possibilidade de se manifestarem sem serem identificados: atrás do biombo da internet, esbravejam com a coragem que eles, mais do que ninguém, sabem que não têm!

Entre os que têm opinião e são capazes de expressá-la sem temor, estão os líderes verdadeiros. Como seres humanos, eles se empolgam, enfiam os pés quando bastava girar a maçaneta, e falam bobagens, e erram e acertam e erram de novo e corrigem, e seguem batalhando pelo que acreditam. Exatamente por isso: eles têm convicção, essa virtude rara num mundo de indecisos.

Um terceiro grupo, minoritário, é formado pelos tagarelas, que lideram as conversas na barbearia, puxam papo sem convocação enquanto dirigem o táxi e, em geral, comandam as rodas no bar, com entusiasmo crescente depois do terceiro chope. Este grupo só foi incluído nesta discussão por uma característica que sempre me chamou a atenção: todos acreditam, piamente, que o mundo só está do jeito que está (bem feito!) porque ninguém se dignou a ouvi-los.

A consequência de pertencer a um desses grupos transparece quando o portador é colocado numa posição de comando.

Os corajosos logo são qualificados como insuportáveis, porque é inadmissível que alguém tenha a coragem que não temos. Os frouxos se acomodam com naturalidade no segundo escalão, onde ser neutro é, muitas vezes, um pré-requisito da sobrevivência, especialmente depois que o politicamente correto amordaçou as relações humanas, tornando-as insossas pra que ninguém se queixe do gosto!

Em função disso, quando uma circunstância especial exige que ele se manifeste com autoridade, a omissão é constrangedora.

Quando o presidente daquela sessão de formatura, a mais badalada do ano, permitiu que a cerimônia continuasse depois da quebra do protocolo com alguém que aceitou pôr a toga mas depois decidiu escandalizar, ficou evidente a que grupo ele pertence.

A propósito da fantástica repercussão na mídia, tenho uma sugestão para repórteres isentos: passada a empolgação audaciosa e restando apenas a perenidade do vídeo, entrevistem os demais graduandos que participaram daquela pantomima e perguntem quantos prefeririam que a formatura preservasse a solenidade e não se transformasse numa patética representação circense. Depois tenham a coragem de publicar os resultados.

Os contadores de histórias

NA ÚLTIMA Feira do Livro (um evento que, desde 1955, reunia pessoas sem máscaras na Praça da Alfândega, e ninguém se sentia contagiante, lembram?), participei de uma sessão de autógrafos e depois fui rodeado pela maioria dos meus quinze leitores fiéis. Findos os abraços, a que todos se ofereciam, subi a ladeira em direção ao estacionamento, carregando duas frases que mexeram comigo.

Um senhor, que se apresentou como professor, perguntou: "O senhor se considera um escritor?", e um adolescente de cara limpa e sorriso bonito, que encabulou pra dizer: "Eu quero ser como tu!".

Ao primeiro respondi que ele não precisava se constranger em pensar que não, porque há uma forte corrente que considera o cronista como um fofoqueiro social, e numa sociedade hierarquizada, como o soldado raso do exército de escritores.

Ele respondeu que não era isso que ele queria dizer, mas era. E eu, desinteressado em ouvir o que já sabia, e carente como sou, preocupado em preservar a autoestima, vazei.

Alonguei a conversa com o jovem, porque prefiro plagiar a Zilda Arns, que recomendava investir nas crianças porque nós, os adultos, não temos solução. Além disso, havia uma curiosidade tão grande que o garoto acelerava as palavras para perguntar o que precisava saber, entre pedidos de desculpas por tomar meu tempo que supunha tão precioso. Para que uma conversa com estranhos se torne agradável, tem que haver uma declaração ou momento que crie a empatia, capaz de afugentar o formalismo e sepultar a frase feita. A nossa relação fluiu quando confessei que eu só precisava de um saco da pipoca que enchia a praça do seu cheiro bom, e que naquela tarde não tinha mais nada para fazer. Foi muito bom transmitir um estímulo ao prazer da leitura, que tem sido para mim um instrumento de devaneio, de prazer e de fuga, nesta vida tão atribulada que, por vocação, necessidade ou angústia, decidi viver.

Tratei de convencê-lo de que, de muito ler, estamos a um passo de escrever, e que às vezes a ideia surge de repente, da vontade súbita e incontrolável de recontar o que lemos.

Havia uma doce cumplicidade no olho dele, e quando confessei que como um leitor compulsivo tenho tido muitas manhãs sonolentas, vitimadas por noites alongadas em leituras que não consegui interromper, ele lamentou que a mãe não estivesse ali para entender "que isso não acontecia só com ele".

Admiti que o compromisso, inicialmente assustador, de escrever uma crônica semanal, trouxe um benefício que não imaginava: passei a ter um olhar mais atento ao meu redor, e trabalhando com gente, e muitas vezes com gente sofrida, a missão tinha ficado mais fácil.

"E posso te fazer uma última pergunta, agora que a pipoca terminou? Quando tu decidiste começar a escrever?"

Disse que não lembrava, mas tinha uma inveja danada da confissão que o grande Fernando Sabino fizera num especial da TV, comemorativo aos seus oitenta anos: na sua puberdade, ao relatar a um amigo uma história que havia lido em algum lugar, resolvera mudar-lhe o final para um outro que lhe parecera mais adequado. Nesse dia ele se defrontou com sua verdadeira vocação, a do contador de histórias. E que quem escreve, independentemente de seu talento, no fundo é isso: um contador de histórias.

Garantido um certo ar de intimidade, meio constrangido, ele retirou da sacola um segundo livro e perguntou se eu não me incomodava de dar mais um autógrafo. E escrevi:

"Toda dor pode ser suportada se sobre ela puder ser contada uma história." Hannah Arendt.

Ele leu a frase mais de uma vez, agradeceu, ajeitou a mochila e caminhou rápido em direção à rua Sete de Setembro, sem olhar para trás. Talvez tenha mudado de ideia e decidido ser como a Hannah Arendt. Quando a gente se reencontrar por aí, vamos ter muito o que conversar.

Um catequista amador

O ODORICO era um tosco. Muito. Mas a autenticidade era sedutora. Muita também. Descendente de índios, tinha um passo meio arrastado e sorria só com os olhos. Por ter vivido mais do que a média dos brasileiros, se tornara um brasileiro sábio – sem o verniz da escolaridade, mas com sensibilidade inata e uma tendência muito curiosa de explicar os problemas do cotidiano a partir das suas próprias crenças. Para ele, peão de estância a vida toda e responsável pelo cuidado diário das vacas prenhes, o frio desfavorecia a infecção, e não por acaso o mês de agosto era o mais adequado para o nascimento dos terneiros. "Com o frio, o umbigo fecha rápido e sequinho." A primeira vez que ouvi referência a este cuidado foi no pós-operatório dele, quando apresentou uma infecção leve de parede, e quando tentava explicar-lhe que aquela era uma complicação comum ao se operar doenças infecciosas, ele nem parecia ter-me ouvido, e comentou: "Meu doutor, isto é culpa minha, eu não devia ter me achado um bicho diferente dos outros e não podia ter me operado no calor de fevereiro!".

Na opinião dele, se os rituais do conhecimento campeiro não fossem seguidos, não carecia rezar, porque não adiantava. Talvez por isso não fosse muito apegado a práticas religiosas. Para ele a vida campesina, dura e implacável, era ao mesmo tempo escola e religião. Depois de uma operação que fizemos, e que afastou seus fantasmas de morte por sangramento pulmonar, ele claramente me elegeu como "o meu pajé", e nos anos que se seguiram muitas vezes me procurou para que o ajudasse a resolver problemas de saúde, seus ou dos seus. Agora estava internado na unidade de oncologia com um câncer de uretra e mandou um bilhete pedindo que fosse vê-lo. A ajuda que ele precisava, essa sim, era original: ele estava brigado com o capelão e achava que eu, "todo letrado e tal", devia ter uma solução para amenizar a bronca que levara do padre, que desistira de visitá-lo porque, ao ser perguntado se ele acreditava em Deus, respondera com toda a sinceridade, que era o seu único jeito de responder, que "acreditar ele até acreditava, mas o problema era que já não mais simpatizava com Ele".

Com esta introdução resolvi fazer uma "anamnese espiritual" e perguntei: "Mas desde quando esta antipatia?".

"Ah, doutor, foi bem triste. A minha velha adoeceu de doença de mulher e começou a sangrar. Apelei pros médicos lá da minha cidade e eles demoraram muito, até que conseguiram uma vaga aqui na capital. Aí demoraram outro tanto pra autorizar a ambulância, e viemos com a operação marcada para o dia seguinte, bem cedito. O senhor acredita que depois dessa correria, Ele, todo metido a poderoso, deixou que ela morresse nos meus braços durante a viagem, apesar de todas as minhas rezas? Então virei os arreios e nunca mais rezei!"

"Mas, Odorico, com a sua história me parece que a maior culpa foi da burocracia..."

"O senhor acha mesmo? Mas então a minha ida pro inferno tá assegurada, porque o que eu falei mal Dele depois da morte da minha velha foi uma barbaridade! E agora ainda respondi torto pro padre, que podia me ajudar a consertar as coisas com o lá de cima!"

Tentei confortá-lo dizendo que uma pessoa boa, como ele, podia acertar as contas direto com Deus, sem intermediários, mas ele argumentou: "Bueno, mas me disseram que o padre pode arranjar o tal do perdão, e então achei que ficava mais garantido!".

Assegurei que Deus considerava a pureza a mais genuína das religiões, e que esta já vinha com o perdão incluído. Mas ele continuou com a cara desconfiada. Deve ter percebido que eu também não tinha lá tanta certeza.

Rivalidade, o antídoto da mediocridade

A COMPETITIVIDADE deve ser estimulada, porque produz uma energia que nos expulsa da zona de conforto e nos empurra em direção ao nosso limite, que é onde descobrimos quem de fato somos. As exigências serão sempre exacerbadas, porque sem desafios nunca saímos da mesmice, esta condição amorfa que aprisiona e deforma o espírito, tornando-o incapaz de sentir mais do que pena de si mesmo. E por esta avenida se chega, sem surpresas, ao protótipo da geração *mimimi*, que se encantou com a informação que a infância é só para brincar e gostou tanto da ideia que nunca aceitou que ela terminasse; e, aos trinta anos, ainda mora na casa dos pais e sistematicamente reclama se ninguém foi capaz de arrumar-lhe a cama.

Este tipo se diz socialista, mas se atrapalha se alguém perguntar o que isto significa, sente uma energia indescritível quando abraça uma árvore, sonha morar no Tibete, faz de conta que se interessa pelos direitos humanos, se compadece das crianças pobres de Burkina Faso, mas nunca se oferece para um voluntariado na pátria mãe. Como exagero de tristeza cansa, só viaja em classe executiva, pelo menos enquanto os pais viverem para assegurar-lhe uma mesada que inclua o acesso ilimitado ao cartão de crédito e as maravilhas da cibernética com planos de renovação automática e débito em conta. É impossível esperar competitividade de quem acredita que buscar o corte de cabelo mais bizarro e cobrir o corpo das tatuagens mais grotescas torna-o merecedor de algum troféu.

Como este modelo de jovem se generalizou, vamos ter que apegar-nos às exceções se quisermos produzir uns tipos vencedores, que daqui a algumas décadas possam sentar com os netos empoleirados nos joelhos e perceber o quanto eles estão orgulhosos das histórias que o avô tem para contar.

Lamentavelmente somos muito mais afeitos a reverenciar os que conseguiram vencer do que a batalhar para copiá-los. Tiger Woods, que era só um jovem recolhedor de bolas no clube de golfe, teve que vencer a barreira étnica para se transformar no seu maior campeão e cunhou a famosa frase: "Quanto mais eu treino, mas sorte eu tenho!".

Na semana da trágica morte de Kobe Bryant, as TVs americanas reproduziram suas proezas à exaustão, e havia nos comentários o deslumbramento da idolatria e, de quando em vez, algum ressentido ("também ganhando o que ele ganhava, até eu faria sucesso!") como se o sucesso tivesse chegado antes do trabalho.

Gostei de um debate entre dois especialistas da NBA sobre quem tinha sido melhor, ele ou Michael

Jordan. Depois da apresentação dos números impressionantes que comparavam número de cestas, assistências, rebotes, desarmes, títulos e troféus ao longo da vida, um dos comentaristas argumentou que preferia o Jordan por ser mais vertical, e achava que o Bryant dava toques demais na bola.

Ao que o outro, mais velho, respondeu: "Pode ser. A propósito, um dia ouvi de um crítico que Mozart colocava demasiadas notas nas suas composições!".

A cara de surpresa do mais jovem me deixou com a impressão de que ele não estava se lembrando de ninguém com este nome na liga de basquete americano.

Prisão domiciliar

Os QUE crescem inconformados com o tamanho que têm e que não lhes basta não entenderão nunca que o crescimento tem os limites impostos pelo talento na seleção das escolhas, pela parceria animada ou não e, adiante na vida, pela preservação da saúde indispensável para manter o entusiasmo e a produtividade. E que chegará um momento em que a vontade de fazer pode permanecer igual, mas a energia para pôr em prática o planejado começa a fraquejar. E não há humor que resista a esta descoberta. Alguns grandes empresários nunca conseguem delegar tarefas essenciais porque não confiam que alguém possa ser tão determinado e perfeccionista quanto eles conseguiram ser, e com isso chegar aonde chegaram, e se tornam amargos e intransigentes. Sempre que encontrares um velhinho rico e ranzinza, podes apostar que ele se considera insubstituível e a sua prole, uma decepção.

Quando a idade deságua na inevitável perda da autonomia, a relação familiar que sempre preservou uma distância convenientemente respeitosa sofre um grande estremecimento ao perceber que o autoritário herói da vida toda se transformou (e a impressão que se tem é que isso ocorreu de uma hora para outra) num velhinho frágil com marcha insegura e propensa a tombos frequentes. A proibição sumária de dirigir, em geral elaborada no conluio da esposa com o médico da família, costuma ser a primeira castração de privilégios, e a presença de um estranho para tomar conta do carro que até ontem ele conduzia é a materialização de tristes novos tempos, em que nem destino nem trajeto serão mais de sua livre escolha. Nada arrasa mais um ex-todo-poderoso do que a perda de autonomia para locomover-se. A restrição de movimentos e a necessidade de ajuda para os deslocamentos mais elementares liquida com a última reserva de autoestima. Porque é duro admitir fragilidade quando a ilusão de força era a última que lhe restava.

 E ninguém pode pretender que alguém que reinou soberano durante uma vida inteira possa de uma hora para a outra considerar normal que os familiares, agora donos do seu horizonte, se deem ao trabalho de organizar uma agenda de cuidadores para que o vozinho não fique só e se exponha a riscos desnecessários.

 No fim do ano passado, quando a família me pediu que fosse vê-lo em casa porque estava muito fraco e encatarrado, relembrei as ótimas confidências que trocamos há uns quinze anos, por ocasião de uma lobectomia que lhe removeu um tumor do pulmão direito. Daquela época eu guardava a imagem de um homem enérgico, com uma voz poderosa e um sofisticado senso de humor. Exceto o sorriso que quase lhe fechava os olhos, todo o resto estava irreconhecível. Falando baixo, com suspiros intercalados com uma tosse seca, era um arremedo do meu velho amigo, agora numa luxuosa prisão domiciliar. Contou-me dos cuidados excessivos da família e do quanto lhe chateava que a cada hora alguém abrisse a porta para perguntar como estava e se precisava repor a água do chimarrão. Quando argumentei que eles estavam apenas preocupados que nada lhe faltasse, ele foi definitivo: "E custava que em algum momento um deles se dispusesse a tomar ao menos um mate comigo?".

Percebendo o quanto dói para um gaúcho a solidão de não ter para quem passar a cuia, pedi-lhe que me alcançasse o mate. E então descobri o tamanho da gratidão que ele podia colocar num único sorriso triste.

Os donos do papo-furado

ARISTÓTELES, o grande filósofo grego que nasceu em 384 a.C., definiu a política como a ciência da felicidade coletiva. O que aconteceu depois disso, a ponto de 24 séculos mais tarde esse núcleo ser apontado (salvo as honrosas exceções) como o menos confiável dos segmentos sociais, é uma construção de todos nós, os omissos.

O certo é que hoje ninguém quer que você acredite em coisa nenhuma, porque é a dúvida que deixa a massa maleável e suscetível a mudar de opinião. Isso em política é essencial para quem queira tocar o rebanho, mesmo sabendo que verdades de um dia podem se contradizer na próxima troca da guarda.

Então cuidado com quem declara, peremptoriamente, que alguma novidade veio para ficar. E não se surpreendam se anúncios bombásticos não deem em nada. E sejam complacentes com aqueles que, confrontando o passado, têm que admitir, ainda que em um acanhado sussurro, "Mas como é que eu fui dizer uma bobagem daquelas?".

Na revisão da história, o mundo digital tem sido implacável, criando inclusive uma verdadeira especialidade, a dos detetives da rede, dedicados a vasculhar o lixo do tempo em busca de uma estratificação social: de um lado os farsantes, minoritários, mas tão barulhentos que dão a falsa sensação de predominância. Do outro, uns tipos realmente estranhos, portadores de uma virtude cada vez mais rara entre os políticos: os que têm convicção e se orientam por ela. Como este comportamento anacrônico provoca desconforto nos oponentes, esses passaram a rotulá-los como sectários, jurássicos e, no máximo de ironia, de dementes. E entre os dois grupos sobrevivem, com ar apatetado, os indiferentes, que, todos estão de acordo, é melhor que permaneçam assim.

A volubilidade da nossa política, onde moram de aluguel 35 partidos (até domingo passado) e nenhuma convicção, é a antítese de tudo no que creem os civilizados, que consideram a partidarização como uma escolha de vida, baseada em convicções elaboradas com muita reflexão, de modo a garantir estabilidade de conceitos e previsibilidade de atitudes.

Os historiadores, que aprenderam que a melhor maneira de prever o futuro é garimpar o passado, porque adaptado ao momento novo tudo se repete, se deliciam com rompantes ingênuos ou cínicos dos pretensos arautos da nova ordem. Que na verdade não são mais do que bisonhos subestimadores da perspicácia e da memória daqueles que envelheceram sem jamais abrir mão da coragem de pensar por conta própria.

Alguns, para fugir da chateação recorrente de serem confrontados com discursos antigos e contraditórios, apelam logo para a clemência improvável da mídia, com um descarado "esqueçam tudo o que eu escrevi", mesmo sabendo que os traídos pela falsidade da atitude resistem à amnésia com bravura. Mas o tempo passa, e como se o remoto tivesse sido posto para dormir, os donos do papo-furado voltam e se sentem tão confortáveis que passam a recomendar atitudes que, por preguiça ou cinismo, nunca praticaram. E pretendem que esqueçamos as bravatas que a indignação arquivada se nega em sepultar.

O sonho fraudado

QUEM FAZ o inventário dos cem anos da Revolução Russa, que incendiou o coração de jovens no mundo inteiro porque se baseava no poder exercido pelo povo que desbancara a aristocracia czarista egoísta e alienada, acaba percebendo que as nações que provaram a poção milagrosa se dividem, décadas depois, entre os decepcionados, os arrependidos e os fanáticos.

Atualmente, a presença de um militante dessa causa perdida em países mais desenvolvidos é vista com a curiosidade com que se inspeciona uma peça que resistiu ao incêndio do museu. Nos países pobres, onde eles ainda desfilam com uma empáfia mal dissimulada, está a maioria dos sobreviventes desta autoflagelação, e ali se encontram os deprimidos em tratamento e os incuráveis, ou seja, os fanáticos que envelheceram acreditando e agora não têm mais tempo, nem ânimo, para assumir que deu tudo errado.

E como deu! A análise comparativa dos países capitalistas com os que mergulharam na utopia por convicção (poucos) ou foram coagidos (maioria) é constrangedora, pelo menos para os que preservam intacta a capacidade de pensar por conta própria.

    Convivi com a Alemanha logo depois que o muro ruiu e soube, por alemães ocidentais, do esforço de reintegração das duas metades, irmãs na genética e na cor dos olhos, mas completamente diferentes na iniciativa e na paixão pelo trabalho. Logo depois da fusão, o chefe de cirurgia torácica da Universidade de Munique, meu amigo de longa data, recebeu três cirurgiões jovens de Leipzig, e se confessou surpreso quando eles, imediatamente, iniciaram um movimento de reivindicação por melhores condições de trabalho, incluindo bônus por insalubridade e aumento do valor das horas extras, porque com o sucesso do programa de transplantes naquela instituição as operações no período da noite, sem tempo previsto para terminar, se tornaram rotina.

    O regime de trabalho competitivo, que recolocou a Alemanha entre as nações mais ricas do mundo, apenas quarenta anos depois de ter sido completamente destroçada, não combinava em nada com quem se habituara com a previsível acomodação que rege a vida dos que são remunerados igualmente, trabalhando ou protestando.

    Quando a mãe Rússia assumiu a inviabilidade do modelo que fracassara depois de ter sacrificado milhões de vítimas inconformadas com a perda da liberdade, a máscara caiu e as chagas ficaram expostas.

    O fim começou quando Miklós Németh, primeiro-ministro húngaro, foi a Moscou para rogar a

Gorbachev uma ajuda econômica para restaurar a cerca elétrica que separava a Hungria da Áustria, e que, desmoronando, se transformara numa porta aberta para o Ocidente e a liberdade, mas o pedido resultou em negativa sumária. Diante da resposta explícita de que, sem petróleo, a Rússia não tinha como continuar bancando as aparências, todas as barreiras experimentaram o efeito dominó.

Neste 9 de novembro, a queda do Muro de Berlim, um dos acontecimentos mais emblemáticos do século XX, completará trinta anos e, passado este tempo, com cada nação tentando do seu jeito se reerguer das ruínas do socialismo utópico, ainda se percebe a flagrante diferença de desenvolvimento que encabula os países do leste europeu.

Tudo bem, vamos deixar de fora as ditaduras, que tolhendo o princípio básico da liberdade dispensam comparações, até porque quem não entende a diferença de ser livre ou não nada mais entenderá.

Feita esta ressalva, respeitar a decepção recatada dos velhos socialistas, que gastaram os anos dourados da juventude perseguindo um modelo fantasma de convivência, é uma questão de generosidade.

Difícil é aturar que jovens, aparentemente poupados de descerebração, continuem defendendo uma ideologia obrigatoriamente imposta com violência, e que fracassou sistematicamente em um século de tentativas, e sigam venezuelando por aí, com ares de originalidade. Se todas essas evidências históricas ainda forem consideradas insuficientes, uma questão exigente de poucos neurônios: por que ninguém jamais arriscou a vida tentando pular o muro para o lado de lá? A resposta é simples: ninguém pula muro para dentro da prisão.

O que o dinheiro não compra

UM CÍNICO só admitiu que dinheiro não traz felicidade para em seguida advertir que o problema é que as coisas que trazem em estão cada vez mais caras.

O que não é previsível é quanto o dinheiro, e especialmente a busca por ele, pode modificar o ânimo e o humor dos que buscam conquistá-lo.

Os simplificadores costumam atribuir aos baixos salários todo o problema do desempenho medíocre, mas é um equívoco ignorar que não há estímulo econômico que coloque entusiasmo no que se faça sem encantamento. O mau humor de alguns profissionais bem remunerados e a comovente entrega afetiva de operários que mal ganham para a sobrevivência são a prova de que também nos alimentamos de uma energia maior que nos impulsiona e gratifica. E que sem ela nos transformamos em meros colecionadores de ressentimentos.

Muitos gastam a vida no obstinado esforço de enriquecer, atribuindo toda a desventura à falta do dinheiro, o que tantas vezes é apenas um lamento esfarrapado de quem não encontrou o único caminho que impulsiona os honestos em direção à estabilidade financeira: o prazer de fazer o que lhe dá prazer.

Para as pessoas menos deslumbradas, provavelmente a grande maravilha de se ter dinheiro é eliminar qualquer possibilidade de humilhação pelo receio de perder o emprego. A libertação desta praga chamada assédio moral, que assola a civilização contemporânea, cada vez mais competitiva, é a primeira conquista verdadeira de quem, tendo dinheiro, desdenha a possibilidade de ameaça de quem está no andar de cima.

Que o dinheiro traz segurança, autonomia, confiança, independência e liberdade, todo mundo sabe. Mas o alto índice de drogadição, alcoolismo e suicídio entre grandes empresários sugere que ele não se basta. O círculo virtuoso da fortuna, que começa com o desejo de ter e se soma à determinação de conseguir, só se completa com a convicção do ricaço de que foi o seu jeito charmoso de ser que atraiu os muitos amigos que agora compartilham sua vida.

Ainda que Nelson Rodrigues tenha dito que o dinheiro compra até mesmo o amor verdadeiro, todos sabemos que alguns dos tipos mais amargurados que se possa encontrar estão entre os bilionários que não têm certeza da sinceridade do afeto dos que os rodeiam.

A necessidade da ostentação, certamente a evidência grosseira da insegurança que atormenta os que se sabem menores do que a aparência possa sugerir, é a prova definitiva da diferença abismal entre os ricos verdadeiros e os que só têm muito dinheiro.

Como sempre, o problema continua sendo o que cada um sabe de si quando coloca a cabeça no travesseiro e percebe que seu valor intrínseco como indivíduo não é influenciado pelo preço das ações da sua empresa na bolsa de valores.

Provavelmente a mudança de atitude em direção ao humanismo e à solidariedade social dos grandes empresários, ao envelhecerem, coincide com a descoberta de que não há nada que o dinheiro possa comprar que consiga competir com a epifania da gratidão.

Uma tragédia brasileira

A SOLIDARIEDADE é um pré-requisito para a sobrevivência no mundo do crime, sempre em sobressalto pelos fantasmas do medo e da vingança. Um parceiro deixado para trás equivale à assinatura de um contrato de morte, que todos os envolvidos sabem que se cumprirá, não importa quanto tempo demore.

Muito se diz que estas pessoas deviam ser exterminadas do convívio social por serem irrecuperáveis, e que a pena de morte seria a única solução para interrompê-las. Os proponentes dessa estratégia de redução da criminalidade ignoram que a pena de morte só atemoriza a quem dê valor à vida, o que não passa nem perto dos sentimentos de quem cresceu à margem dos elementos fundamentais para quem projeta ser feliz. Sem isto só lhes resta a ânsia da autopreservação, nosso primeiro instinto. Quem banalizou a morte não tem nenhum apreço pela própria vida, muito menos pela dos outros.

Na vida bandida, a única lei vigente é tentar alongar a sobrevida, admitindo-se que o sonho de velhice é uma utopia. Quem presta atenção nas imagens dos nossos presídios percebe imediatamente que lá não moram velhos. E isto não decorre de progressão de regime. Nada disso. A maioria, aliás, tem grande chance de ser executada antes mesmo que a extensão da sentença tenha sido formalizada. O que significa que a nossa pena de morte já existe. O que devia encabular uma sociedade civilizada é que ela foi homologada de um jeito muito selvagem, que não segue os ritos legais dos países desenvolvidos.

Neste recente e trágico episódio de tentativa de resgate de parceiros cercados pela polícia, certamente muitas das loucuras que resultaram na morte de inocentes tiveram como objetivo demonstrar o quanto se deve valorizar a parceria no crime, pressupondo-se com isso igual fidelidade se e quando, algum dia, os papéis se inverterem. A ideia de colocar familiares no carro para dar ao traslado um ar de respeitabilidade domiciliar teve um toque de criatividade cinematográfica, e que provavelmente teria funcionado se o intento de furar a barreira policial não tivesse sido à noite e o veículo não portasse vidros fumê tão densos que tornavam seu interior indevassável.

Depois da identificação das placas monitoradas pela polícia a partir da ultrapassagem da primeira barreira, o tiroteio subsequente, ao melhor estilo Bonnie & Clyde, era completamente previsível. O fato constrangedoramente inesperado foi a presença entre os alvos de um menino e duas mulheres, cujo maior crime foi talvez ignorar os sinais de sociopatia dos seus amados que culminou com suas mortes, anunciadas desde o dia em que o destino os aproximou.

    Nesta aventura surreal nada comoveu mais que a morte do garoto de quatro anos atingido por três tiros, um dos quais implodiu-lhe a cabeça. E então, do meio do quase nada que sobrou daquela família, emergiu uma avó, que apesar de destroçada na sua essência encontrou forças para um gesto de extrema generosidade: doou os órgãos do garotinho muito amado, e com isso permitiu que famílias desconhecidas fossem poupadas da dor de também perderem as suas crianças. Velando o filho, que aparentemente no desespero pelo tamanho da desgraça não encontrou melhor saída que o suicídio, no limite do sofrimento ela colocou uma única condição: que lhe devolvêssemos logo o corpo do netinho inocente para que ela pudesse, ao menos, enterrá-los juntos.

Vergonha de sentir medo

> "*O homem corajoso experimenta a morte apenas uma vez, enquanto os covardes morrem muito antes de morrer.*"
>
> SHAKESPEARE, em *Júlio César*
>
> ou
>
> "*Provisoriamente não cantaremos o amor, que se refugiou mais abaixo dos subterrâneos. Cantaremos o medo que esteriliza os abraços.*"
>
> CARLOS DRUMMOND

SE VIVER é um estado de permanente descoberta, nestes tempos medonhos descobrimo-nos medrosos de um jeito que não precisava ser tanto. E ninguém acredita quando tentamos convencer de que este tremor é só por causa do frio que acabou de chegar.

Agradecemos que as máscaras escondam nossas caras de medo, mas sabemos o quanto os olhos são delatores.

Temerosos de que os tempos do abraço não voltem mais, nos tornamos equilibristas nas escadas rolantes da vida, por puro medo do corrimão, tocado sabe-se lá por quantas mãos que, graças a Deus, estamos proibidos de apertar. Pelo menos até isso tudo passar, se é que um dia passará.

E torcemos que o elevador não venha carregado para não termos que improvisar aquela cara de, *desculpe, eu não vou subir agora, obrigado*. E quando o elevador finalmente chega vazio, ficamos rezando para que nenhum inconveniente decida interromper a marcha até o nosso andar. E por garantia não respiramos durante o trajeto, porque a televisão avisou que, em ambientes confinados, o vírus pode ficar flutuando durante muito tempo.

E na fila do caixa, ficamos irritados com a quantidade de gente que não tem noção do que seja uma distância de dois metros, pô!

E aceleramos o passo para aproveitar a brecha da porta automática, para passar sem tocar nessa promíscua que, despudoradamente, se permite palpar por mãos devassas que deixam suas maçanetas carregadas de vírus.

Temos medo da rua e de receber um descuidado que venha de lá. Temos o inverno que sempre traz uma gripe que pode se parecer com aquilo que nem queremos falar o nome. E não confessamos o medo que a primavera ainda nos encontre com esta cara de susto. E desconfiamos do vento, esse dissimulado que pode estar trazendo pra perto o que queremos bem longe.

Morremos de medo de adoecer porque, com a pouca sorte dos últimos tempos, como saber se a roleta chinesa do destino não vai nos colocar entre aqueles cinco por cento que morrerão? Não suportamos mais as imagens fúnebres dos noticiários, com aqueles especialistas em dar notícia ruim com ar de indiferença.

Mesmo que lá pelas tantas um deles aparente emoção com a tragédia, nosso preconceito só verá fingimento. Depois de um tempo nem sabemos se mais temos contaminar ou ser contaminados, e então misturamos o medo surreal da doença com a tristeza verdadeira da solidão. Dando a cada um o direito de assumir ou dissimular seu temor, estamos de certa forma todos inscritos no *Congresso Internacional do Medo*, uma das mais lindas poesias de Drummond, que termina assim: "Temos medo da morte, e medo do depois morte. E depois morreremos de medo. E sobre os nossos túmulos, crescerão flores amarelas. E medrosas".

E assim, dia após dia, de parágrafo em parágrafo, vamos plantando a desesperança que só servirá para azedar o trajeto, porque a única certeza que até o pessimista tem é que sairemos dessa. E se isto é inevitável, que tal começarmos a nos preparar para rir no futuro desse medo que hoje nos amordaça, atormenta e ridiculariza?

Esta mudança de estado de espírito não virá por decreto governamental. Então, melhor que cada um assuma a sua cota na resignação ao medo que nos envergonha, vista o paletó esperança e anime-se. Se faltar estímulo, lembre-se: depressão abaixa a imunidade e anima o vírus.

A noite precisa ser protegida

O Asdrubal era de Colonia del Sacramento, a mais antiga cidade uruguaia. Fundada pelos portugueses em 1680 e declarada Patrimônio Histórico da Humanidade pela UNESCO em 1995, esta cidade foi motivo de uma acirrada disputa entre portugueses e espanhóis, na qual ambos queriam obter mais domínio territorial para os seus já poderosos impérios. Nascido de família rica, Asdrubal graduou-se em filosofia pela Universidade de Buenos Aires. Continuou lá por mais uns doze anos, onde foi um notívago, encantado pela música, pela arte e, claro, pela boemia.

Foi uma daquelas consultas que gostaríamos que não acabasse, poupando-nos da volta ao corriqueiro, e a este enfaro das pessoas que dormem sempre no mesmo horário, têm responsabilidades e se parecem com gente.

Com 81 anos, veio consultar sozinho. Era um homem elegante e genuinamente refinado, sem afetação. Impossível acertar-lhe a idade pela postura descontraída e pela marcha ereta e digna.

Quanto a filhos "era provável que os tivesse, mas lhes faltava o reconhecimento, e por isso não tinha ninguém que o acompanhasse". Não havia mágoa na informação, apenas a necessidade de um rápido olhar no vazio ao fim deste comentário.

Fumante inveterado, prometera a si mesmo parar, mas protelara quase sem culpa, e por fim, quando se descobriu doente, concluiu que agora não adiantaria e então seguiu fumando, mas com a cara mais debochada anunciou que, cuidadoso como era, reduzira de quatro para três carteiras diárias.

Trazia uma tomografia que mostrava um tumor de cinco centímetros no pulmão esquerdo com vários gânglios entre os pulmões, maiores do que o próprio tumor. No fim da tarde do terceiro dia de internação, recebi os resultados dos exames que incluíam uma punção pulmonar e uma avaliação de corpo inteiro.

Com as suspeitas diagnósticas confirmadas, fui visitá-lo no fim da tarde e, preocupado com a solidão da noite, anunciei que o patologista me prometera o resultado para a manhã seguinte. Cedo da manhã o encontrei já de banho tomado e vestido como para uma noitada de festa.

Quando lhe expliquei que era mesmo um tumor não cirúrgico, pelo tipo de células encontradas, e que deveria tratar-se com quimioterapia e radioterapia com ótima expectativa de resposta, porque os tumores de células pequenas eram assim, ele fez um silêncio resignado, indispensável à metabolização das notícias. As ruins mais que as outras.

Depois de uma longa conversa sobre onde ser tratado, duração do tratamento e necessidade de revisões, nos despedimos.

"Claro que o senhor já sabia de tudo isso quando esteve aqui ontem à tardinha. Então deixe-me agradecê-lo por ter-me permitido dormir uma noite a mais com alguma esperança."

Antes que respondesse, ele completou: "Sendo um homem da noite, aprendi o quanto ela é delicada, e lhe asseguro que só os capazes de protegê-la conseguem ser generosos durante o dia".

Sem emoção, tente o silêncio

A INTELIGÊNCIA emocional, tão requisitada pelas grandes empresas na seleção dos melhores executivos, é uma qualidade inata, reconhecida de pronto até por pessoas de inteligência mediana, e lamentavelmente impossível de ser ensinada, mesmo pelos maiores gênios da pedagogia moderna. O coaching, que pretende desenvolver habilidades e competências do indivíduo e condicioná-las à máxima eficácia, talvez consiga tornar os rudes menos toscos, mas jamais emprestará sensibilidade aos insensíveis. A capacidade de expressar emoção é única, pessoal e intransferível, e dela não se apossam os farsantes, porque não há nada mais perceptível do que uma emoção simulada, por mais que tenha sido bem ensaiada. Esta exigência é tão intensa que os maiores atores choram e sofrem de verdade quando o papel impõe a exposição de um sentimento doloroso. E isto os separa dos medíocres.

A palavra, esse instrumento maravilhoso, pode ter sido criada, lá no início, apenas para que os nossos ancestrais se comunicassem primitivamente, mas na sociedade civilizada foi adquirindo uma importância crescente e encontrou no discurso seu momento de máxima sofisticação. Todos os grandes oradores da humanidade se notabilizaram por duas qualidades essenciais:

- a de interpretar o sentimento de quem ouve de modo a dar ao ouvinte a sensação de que está falando por ele;
- a de transmitir emoção, estabelecendo uma linha divisória entre o encantamento inolvidável e a sonolência irresistível.

O discurso burocrático, marcado por frases feitas e pausas demagógicas é, com justiça, punido pelo esquecimento imediato. O que explica por que os repórteres políticos se esforçam tanto para anotar algumas frases desconexas e com isso preencher um espaço nos jornais com obviedades. Nada mais massacrante para um pobre jornalista do que produzir uma síntese do discurso vazio. E é o que se percebe todos os dias nas entrevistas com algumas personalidades políticas, treinadores de futebol e comentaristas esportivos. Nos discursos com pretensão de homenagem, o componente emotivo é indispensável, e, neste contexto, nada marca mais do que uma expressão de afeto inesperada.

Naquela manhã, a cerimônia estava programada para dois momentos. No primeiro, a despedida do dr. Jorge Hetzel da direção médica da Santa Casa depois de treze anos no cargo e cinquenta anos de atividade na instituição onde conquistou a unânime condição de modelo de afeto e generosidade. Um queridão. Na segunda parte, a posse do dr. Antonio Kalil, que o substituía na função e que chegava com uma bagagem invejável de respeito, dinamismo e competência. A Inês Kiszewski é secretária da provedoria e uma referência em doçura, disponibilidade e dedicação. Elegante e bem articulada, exercia com sobriedade a função de mestre de cerimônia. Finda a despedida emocionada do Jorge, ela devia chamar o Kalil para a sequência do cerimonial, e então, inadvertidamente, ela chamou o Jorge outra vez. Diante do riso do público, com a voz embargada, ela fez a reparação mais doce: "Desculpem, é que eu não queria que ele fosse embora!".

Nada como o improviso para ilustrar a delicadeza dos sentimentos.

Se não há futuro, fale do passado

NAS VISITAS aos leitos com estudantes, é rotina que se faça um resumo do caso antes que entremos no quarto, para que os alunos tenham uma noção do que irão encontrar.

Era um grupo de oito jovens quartanistas de medicina, e a introdução foi sucinta: "Vamos agora conhecer o Miguel, de 57 anos, que tem um câncer avançado de esôfago, que tratou com quimioterapia e radioterapia com uma resposta pobre, e a doença evoluiu até o surgimento de pelo menos três metástases cerebrais. É um paciente em fase terminal da doença, com um emagrecimento impressionante".

Um dos alunos, visivelmente ansioso, perguntou: "E este coitado ainda está consciente?".

A confirmação de que sim resultou em três abandonos da visita, incluindo uma doutora que justificou: "Eu não saberia o que dizer, muito menos o que perguntar, e eu choro com muita facilidade, o que acho que só iria deprimi-lo mais ainda".

Achei que a visita com o grupo rachado não valeria a pena, e voltamos para a sala de reuniões para uma espécie de pausa emocional, para reorganizarmos nossas cabeças e sentimentos.

Era evidente, pela ansiedade coletiva, que a dificuldade aparentemente intransponível que o grupo antevia era a ausência de palavras adequadas. E a palavra, como se sabe, é o mais precioso instrumento de trabalho do médico, porque é através dela que conquistamos confiança ou plantamos incerteza, que somos acolhidos ou rejeitados, que oferecemos parceria ou nos perdemos na ilusão de que o paciente dará à tecnologia o mesmo valor com que a reverenciamos.

Quando a doutora que se confessara chorona relatou duas experiências prévias em que não conseguira sequer que os pacientes fixassem o olho nela, ficou claro que tínhamos que redefinir como a proximidade da morte é vista pelo doente. Porque se isto for entendido, ficará compreensível a irritação dele com o discurso falacioso do médico ao descrever o que será feito para que desfrute um tempo que ele reconhece, pela percepção de sua fraqueza orgânica, como impossível: o futuro.

Ser médico nesta hora é entender que o fim da vida é reconhecível com a maior certeza pelo paciente, e que tudo que lhe interessa, neste estágio, é como manejar o passado com suas sombras e dúvidas, mentiras e traições, culpas e remorsos. E o médico que pretenda escalar este degrau superior da medicina é o que se oferece para ajudá-lo a apaziguar seus demônios para que ele morra em paz. Quando terminei de falar, a menina chorona entrou decidida no quarto do paciente. Ao sair do hospital resolvi dar uma última espiada. A doutora estava sentada na cama do Miguel e lhe segurava uma das mãos. E quando ela perguntou: "O senhor sabia que neste andar não tem ninguém com netos tão lindos no porta-retratos da mesa de cabeceira?!", ele sorriu e ofereceu-lhe a segunda mão para que ela segurasse.

E fiquei esperando que ela chorasse, porque teria descoberto, bem cedo na vida, o quanto este choro médico pode ser bom de chorar.

Afetos desperdiçados

AINDA ONTEM disse a uma paciente que a tosse devia ser da sua bronquite em conflito com o inverno, que justo agora bateu à porta, quando já havia quem cogitasse que ele nos tivesse esquecido. E que me ligasse se sentisse alguma dificuldade respiratória ou algum aperto no peito.

Ela ficou quieta um tempo, ajeitou a máscara e anunciou: "Aperto no peito eu sinto desde o dia 12 de março, quando abracei meus netos, e meu velho me levou para Gramado para uma quarentena, que ninguém podia prever quanto duraria. Desde então, a bombinha só me acelera o coração, mas o aperto nunca mais foi embora!".

É possível que ao final deste tempo maluco descubramos coisas boas que herdamos da amargura, mas por ora, o que percebemos é o que perdemos, e nada nos machuca mais do que o amor reprimido.

Um amigo querido, com dois filhos pequenos, organizou uma excursão generosa em que os filhotes seriam levados para serem vistos pelos avós que lamentavam a insuportável saudade deles. O encontro foi na frente da casa dos velhinhos com a cerca metálica impondo a distância regulamentar e contendo a vontade desesperada de abraçar. Depois de uns quinze minutos de um falatório desorganizado que misturava promessas e declarações de amor, o ritual terminou com muitos beijos gesticulados.

No dia seguinte, ele ligou para a casa dos pais, e quando quis saber como estavam, a mãe confidenciou: "Eu estou bem, meu filho, mas me preocupa teu pai. Desde que vocês foram embora ontem, ele não parou mais de chorar. E quando lhe perguntei o que ele sentia, ele me disse: "Nenhuma dor. Eu choro de pura tristeza!"".

As perdas afetivas, dolorosas em qualquer idade, são multiplicadas na velhice, quando a noção inevitável da proximidade do fim dos tempos elimina a resiliência. E deixa exposto o nervo do tempo perdido, numa fase da vida em que se pode aparentar serenidade, mas no fundo não se tolera desperdício de afeto. E de nada serve argumentar que tudo passará e que, se Deus quiser (e como saber se Ele quererá?), poderemos compensar esta espera sofrida com abraços redobrados.

A pressa afetiva é uma marca da velhice sensível, e a promessa de resgate do tempo perdido não convence, não numa fase em que cada semestre conta. Porque afeto transferido é amor desperdiçado. Ficou doendo em mim a tristeza do choro daquele avô, que não precisei conhecer para me identificar com seu sofrimento. Com tão boa causa, choraríamos juntos.

Já foi mais fácil ser feliz

No ÚLTIMO encontro do ano passado, promovido pelo jornal *O Globo*, no Rio, numa conferência intitulada *Felicidade é o que conta*, debatemos a falta que ela nos faz e as causas mais prováveis da infelicidade. Há consenso de que estamos menos afáveis e mais circunspectos, e esta introversão definitivamente não contribui para a construção de felicidade por sermos seres primariamente gregários.

O mundo moderno experimentou duas transformações que impactaram no comportamento das pessoas. Primeiro, o superpovoamento, que devia ter aproximado os inquilinos mas acabou criando uma situação paradoxal: nunca estivemos tão sós na multidão. A expectativa inicial de que as redes sociais favorecessem a aproximação, ainda que virtual, não só não funcionou como resultou no contrário. Na medida em que ficou evidente a disputa para ver quem está mais próspero e feliz, com cada um postando o lugar mais lindo que visitou, a comida mais apetitosa e fotogênica, e até o rótulo do vinho mais caro, sacramentou-se o Face ou o Insta (citados assim para dar uma noção da intimidade) como as plataformas da falsa felicidade, porque nunca, em nenhuma época, se mentiu tanto. E os psiquiatras estão alertando que a autopromoção mentirosa é fonte de profunda tristeza, porque não podendo dormir com o que postamos, rolamos na cama com o que somos.

Por outro lado, a mudança de ritmo da vida moderna e a competição profissional acirrada produziram a ideia bizarra de que o que era prazeroso nas relações humanas, como solidariedade, empatia e generosidade, passasse a ser visto como perda de tempo. A consequência previsível dessas mudanças foi sentida em todas as áreas, com ênfase na interação pessoal, com uma desumanização assustadora e endêmica. Na medicina, muito tem sido atribuído à substituição da proximidade física pela tecnologia, que com seus braços mais longos tem afastado o médico dos seus pacientes carentes, mas não há dúvida de que a questão é muito mais complexa.

Não há como pretender um atendimento carinhoso por parte de quem está sobrecarregado de trabalho, esmagado pela burocracia, humilhado pelo salário degradante, desestimulado pela falta de horizontes, açodado pelos gestores e constrangido pelas queixas dos pacientes que o identificam como o único responsável visível de um sistema cruel e discriminador.

A constatação de que o Brasil perdeu posições na última década no ranking dos países mais felizes do mundo (caiu de 28º para 37º) estava no centro das questões formuladas na fase de interação com o público, depois que a tal conferência terminou. Uma jornalista, usando como gancho os dados desta pesquisa, perguntou-me ao que atribuía esta queda de felicidade nacional.

Pergunta difícil porque a resposta é, obviamente, multicausal, mas me pareceu adequado sugerir que talvez o povo esteja lendo jornal demais. E, convenhamos, não dá pra ser feliz com tanta notícia selecionada pela capacidade de escandalizar.

O que nunca muda

No início da minha experiência com transplante de pulmão, fiz inúmeras captações do órgão, muitas vezes em cidades longínquas. E sempre me impressionei com a riqueza dos sentimentos que regem as relações dos profissionais envolvidos nesta missão. A solidariedade sempre foi dominante, e os gestos de apoio, de uma espontaneidade comovente. Ofertas de lanches ou cesta de frutas para a viagem de volta eram frequentes, com todo mundo deixando claro o reconhecimento pela grandeza da tarefa: afinal estávamos transportando a esperança de pessoas doentes e que dependiam daqueles órgãos para retomar a vida.

Nestas excursões, muitas delas em madrugadas insones, várias vezes minha atenção desviou para a proximidade dos familiares do doador, uns desconhecidos que perambulavam pelos corredores e eram identificados instantaneamente pelo ar de inconfundível tristeza.

Em Santa Maria, a mãe de um doador, um jovem de dezoito anos, interrompeu a nossa marcha na saída do bloco cirúrgico, colocou a mão espalmada sobre a caixa de isopor e se despediu: "Vai lá, meu filho, e salva as pessoas que tu prometeste quando disseste o quanto querias ser doador. Depois disso, Deus vai cuidar de ti!".

Outra vez, em Tubarão, saindo pelo corredor e arrastando o carrinho barulhento contendo as quatro caixas de múltiplos órgãos, nos deparamos com uns sete ou oito familiares que olhavam o cortejo médico à distância. Havia tanta tristeza no olho daquela gente que mudei o rumo e fui me despedir deles. Não consegui falar, mas vou sempre lembrar da força do abraço. No voo da volta, a frase final do pai do adolescente ficou martelando em mim: "Doutor, por favor, cuide bem do que restou do meu filho. Ele queria muito ser médico".

Passado o tempo meio maluco em que viajávamos para a captação do pulmão e voltávamos exaustos para implantar o órgão, o grupo cresceu, as funções se diluíram e, depois de 660 transplantes, a rotina ficou mais racional, e até o cansaço foi democratizado.

Mas conversando com os mais jovens que assumiram a captação, se percebe que as emoções essenciais, essas permanecem intactas. A Fabíola Perin, que ostenta com um orgulho maldisfarçado o epíteto de "única cirurgiã brasileira que transplanta pulmões", trouxe a sua contribuição só para confirmar que tudo o que envolve sentimento nunca muda: "Semana passada fui para mais uma retirada de pulmões de um doador. Nenhuma delas é igual, e não há como não se envolver com a história de quem está doando, porque é sempre o amor de alguém, o amigo de alguém, o filho de alguém... Nesse dia me deparei com um garotinho de quatro anos, o rosto não pude ver porque estava parcialmente coberto pelo grande curativo do ferimento craniano, causa de sua morte, mas sua mãozinha, gordinha, com alguma sujeira nas unhas de quem até há poucos dias devia estar brincando na terra, estava à mostra, e esta meu coração viu. Tudo isso em silêncio, e segui o meu trabalho".

Linda história, só para renovar a minha convicção antiga do quanto aqueles que dizem que enrijecemos pelo convívio com a dor dos outros não têm a menor ideia do que significa, de fato, ser médico.

Natural e inevitável

MEU ENCANTO por Leo Buscaglia é antigo. Este escritor ítalo-americano, falecido em 1998, aos 74 anos, foi Professor na Southern University of California e publicava com regularidade no *New York Times* com uma linha editorial baseada no comportamento humano, especialmente sobre o amor e seus desdobramentos. Foi também o pioneiro em criar na universidade um curso específico sobre o tema. E ironizava: "Ao que eu saiba, somos a única escola do país, e talvez do mundo, que tem uma disciplina chamada *Amor*. E eu, o único professor louco o bastante para ensiná-la".

Há alguns anos, enquanto preparava uma crônica sobre como consolar alguém em sofrimento, pressionado por uma desagradável experiência recente, critiquei as pessoas que não param de falar na tentativa de "distrair" o sofredor da sua perda ou dão conselhos baseados no princípio da racionalização da morte se a pessoa morreu velhinha, estas bobagens de quem não entende que a morte será sempre dolorosa, extemporânea e cruel para quem estiver emocionalmente comprometido. E portanto, nesta circunstância, a tentativa de racionalizar, mais do que inútil, é ofensiva, enquanto um abraço silencioso muitas vezes será lembrado como consolo inesquecível.

Naquela ocasião transcrevi, como exemplo, uma historieta em que Leo Buscaglia, tendo participado de um concurso de histórias infantis, se encantou com o relato de um garotinho que, vendo o vizinho idoso que enviuvara naquela semana a chorar sentado sozinho num banco de pedra, tratou de pular o muro e sentar-se ao lado dele. No dia seguinte a mãe, surpreendida por um buquê de flores mandado pelo vizinho como agradecimento, perguntou ao garoto o que ele tinha dito ao velhinho, e ele respondeu com a inocência intacta dos seus quatro aninhos: "Nada, eu só o ajudei a chorar!".

Desde então tenho me interessado pelo legado de Leo Buscaglia. E foi assim que encontrei recentemente esta primorosa descrição da morte, com a serena naturalidade do inevitável. E achei que seria muito egoísmo não a compartilhar:

"...A folha se descobriu a perder a cor, a ficar cada vez mais frágil. Havia sempre frio, e a neve pesava sobre ela. E quando amanheceu, veio o vento, e arrancou a folha de seu galho. Não doeu. Ela sentiu que flutuava no ar, muito calma e tranquila. E, enquanto caía, ela viu a árvore inteira, pela primeira vez. Como era forte e firme! Teve certeza de que a árvore viveria por muito tempo, e compreendeu o privilégio de ter sido parte de sua vida. E isso a deixou orgulhosa. A folha pousou num monte de neve. Estava macio, até mesmo aconchegante.

Naquela nova posição, a folha estava mais confortável do que jamais se sentira. Ela fechou os olhos e adormeceu. Não sabia que a folha que fora, seca e aparentemente inútil, se ajuntaria com a água e serviria para tornar a árvore mais forte. E, principalmente, não sabia que ali, na árvore e no solo, já havia planos para novas folhas na primavera."

De mãos dadas

NUMA MANHÃ de sol forte e brisa suave que iludia a sensação térmica, um casal de idosos caminhava lentamente na praia. Ela, com uma visível sequela de acidente vascular cerebral, arrastava a perna esquerda e colocava todo o peso do corpo na mão direita dele, um amparo indispensável para que se deslocasse com aquela lerdeza que só os muito velhos aceitam com resignação. Vieram na minha direção e sentaram num banco de pedra, a dois metros da mureta, de onde eu espiava o mundo por cima do mar.

Ela tentou dizer alguma coisa, e foi quando percebi que lhe faltava a voz. Não sei o que ela queria, mas de qualquer maneira ele entendeu e sorriu. Foi então que bateu o vento, levando para longe o chapéu protetor que ela usava. Ele caminhou lentamente, apanhou-o quase embaixo do carrinho do sorvete e voltou remodelando a aba, sacudindo a areia, e recolocou-o na cabeça dela, com o cuidado de recolher as mechas brancas que extravasaram os limites do corpo do chapéu.

Então, aproveitando a proximidade, deu-lhe um beijo de leve nos lábios e recebeu a recompensa de um quase sorriso. Em seguida tomou a mão esquerda disforme que ela mantinha passiva sobre a coxa e empunhou-a com delicadeza. Primeiro, ficou alisando a superfície das veias salientes, como se as tivesse recém descoberto, depois beijou-lhe a palma e em seguida apertou-a contra o peito, como a reconhecer que agora sim era ele que precisava de um afago.

E com aquele novelo irregular de dedos entrelaçados, ficaram calados olhando o mar. Um desses casais a quem podem faltar as palavras, porque são treinados na utilização de todos os outros sentidos.

O silêncio lhes dava a força necessária para que, alheios a um mundo indiferente, eles vivessem em paz o tempo que lhes restava. Só agora, contando esta história, me dei conta de que foi uma pena não tê-los abraçado, agradecendo a aula gratuita de afeto incondicional.

Para onde vamos com essa pressa?

ERA PREVISÍVEL que houvesse algum prejuízo para uma geração condicionada a viver no embalo da instantaneidade. Esta forma acelerada de convívio, por quem ainda nem teve tempo e oportunidade de entender o que se perde com a pressa sem bagagem, induz os jovens a confundir informação com sabedoria, criando a curiosa sensação de que tudo o que é novo é o que vale a pena, e que os veteranos que aprenderam antes estão ultrapassados, porque nada mais é como pareceu àqueles olhos cansados de nostalgia. Por conta dessas mudanças, o mundo passou a ser chamado, convenientemente, de moderno. Sem nenhuma certeza de que isso signifique "melhor".

Se você nasceu lá pela metade do século passado, e cultivou com carinho suas preferências musicais e literárias, responderá com naturalidade a qualquer pesquisa que pretenda determinar seu ranking de obras memoráveis, sem nem pensar muito. As lembranças que tocaram o fundo da alma dormem na ponta da língua. Repita a experiência com uma galera jovem, e ela só lembrará das músicas (?) desse semestre, o que, convenhamos, talvez seja uma sorte por não desperdiçar córtex cerebral com uma enxurrada de mau gosto.

Um dia desses, na espera por uma *live*, um grupo de estagiários quis saber o que eu consideraria valer a pena em uma tarde fria e chuvosa dessa infindável quarentena. Estimulado pela curiosidade deles, assumi que colocaria o celular no modo avião e, durante duas horas, me dedicaria a reler *Os funerais da Mamãe Grande*, de Gabriel García Márquez, ou que escutaria a Aracy Balabanian recitando, como ninguém, textos de Clarice Lispector como "Tentação" ou "Felicidade clandestina" (meu preferido). Isso teria sido o melhor de uma semana de emoções amordaçadas pelo confinamento. Ninguém comentou nada, o que é sempre ruim para um professor carente. E pior foi a intuição do que estariam pensando: mas que tipo esquisitão! Foi uma reação estranha a deles, como se introspecção fosse tempo desperdiçado.

Se essa superficialidade afetiva ficasse limitada à interação, por exemplo, com seus grupos de WhatsApp, tudo bem, os amigos são feitos também para suportar as nossas chatices. Mas, não, a ansiedade de ter tudo agora e antes que o colega, sem o tempo mínimo de elaboração e triagem do que é relevante, está comprometendo sua capacidade cognitiva. A comprovação dessa sequela mental do mundo líquido, em que nada tem consistência nem durabilidade, se revela na incapacidade de redigir um texto que expresse algum sentimento ou emoção e, muito especialmente, na fugacidade, no descompromisso das relações amorosas.

Quando esse comportamento é transferido para a discussão do futuro profissional – e eu sempre provoco o assunto porque tenho premissas inarredáveis sobre construir uma carreira baseada no prazer de fazer o que se faz, seja lá o que for –, lá está ela outra vez, a instantaneidade como protagonista de todas as escolhas, muitas delas com exigências tão discrepantes que revelam não haver nenhuma convicção, só pressa.

É deprimente que a principal preocupação, aos vinte anos, seja o jeito de ficar famoso mais rapidamente, como se houvesse uma fórmula que dispensasse esforço, trabalho e persistência. E penso na depressão que será a descoberta de que o sonho da instantaneidade milagrosa era uma fraude, por ignorarem que a pressa de ir só tem sentido se antes for definido aonde se quer chegar. E com que gana.

De quem você precisa?

QUE NINGUÉM seja ingênuo de supor que se possa encontrar um poço de virtudes em um morador de rua. Por mais que tenha sido injustiçado, é previsível que este protótipo de solidão tenha sido construído com grande participação da vítima. Mas este não é o ponto. O que interessa é que este solitário padrão precisa de alguma maneira sobreviver, e isto significa encontrar algum objeto de solidariedade que seja confiável, apesar da completa ausência de atrativos. E então entendemos por que quase todos os sem-teto buscam o afeto sempre confiável de um cão de rua e fazem dele um parceiro de desdita e abandono.

Como sempre, as amizades construídas na desgraça são mais resistentes, porque combinam conformismo com reciprocidade, elas são mais calorosas e definitivas. Os responsáveis pelo resgate dos sem-teto, ameaçados de enregelamento nas noites implacáveis de inverno, referem a permanente resistência dos infelizes que se negam a abandonar os parceiros fiéis e não se sentem nem um pouco seduzidos pela promessa de cobertor e comida quente se estas maravilhas não puderem ser compartilhadas com quem encarou tanto frio e fome sem latir em protesto.

De tanto enfrentarem esta resistência diante da oferta de albergue parcial, centros comunitários de algumas capitais passaram a oferecer o acolhimento duplo, e então os dois amigos inseparáveis festejam a generosidade como modelos de um bloco único de antipobreza e solidão.

É tão antiga esta relação entre o homem e o seu melhor amigo no reino animal que a internet está cheia de vídeos, sempre emocionantes, como um recente que mostra um jovem oriental se preparando para viajar e explicando ao seu Golden Retriever sobre sua intenção, o que fez com que o bichinho primeiro se alojasse dentro da mala, e depois, desesperado porque ficara pra trás, jogasse numa sacola todas as suas coisas, incluindo a bandeja de alumínio da comida, e saísse em disparada pela rua até alcançar seu dono, que arrastava a mala pela calçada. A ternura do olhar no reencontro é de derrubar.

Aqui, na avenida Getúlio Vargas, ao lado do Pão da Fé, a melhor padaria da cidade, há uma grande marquise onde nos dias frios se acomodam os miseráveis famintos. Um dia desses, ao sair da padaria, fui chamado por um mendigo que pediu um dinheirinho porque estava "sem comer desde ontem". Como fome, feito frio, sempre mexe comigo, decidi voltar e comprar um sanduíche para garantir o melhor destino ao pedido. Quando fiz a volta para entrar no carro, percebi que, depois de uma mordida generosa que consumiu metade do presente, ele ofereceu a outra metade a um vira-lata de olhos fundos que a devorou num instante e em seguida lhe lambeu as mãos, de um jeito que os humanos civilizados não sabem agradecer.

Sobre o autor

José J. Camargo, ou simplesmente J.J. Camargo, nasceu em Vacaria (RS). Formado em medicina pela Universidade Federal do Rio Grande do Sul (UFRGS), onde obteve posteriormente o grau de mestre e doutor em ciências pneumológicas, fez pós-graduação em cirurgia torácica na Clínica Mayo, nos Estados Unidos.
Em 1989, foi pioneiro em transplante de pulmão na América Latina. Dez anos depois, realizou o primeiro transplante de pulmão com doadores vivos fora dos Estados Unidos. É diretor do programa responsável por mais da metade dos transplantes de pulmão feitos até hoje no Brasil e idealizador e atual diretor do Centro de Transplantes da Santa Casa de Porto Alegre, onde também é diretor de cirurgia torácica, disciplina que leciona na Universidade Federal de Ciências da Saúde de Porto Alegre (UFCSPA). Por seu reconhecido trabalho na área, recebeu diversas distinções, como a de Cidadão Honorário de Porto Alegre e a Comenda Farroupilha.
É membro titular da Academia Nacional de Medicina, da Academia Sul-Rio-Grandense de Medicina e da Academia Brasileira de Médicos Escritores, além de

Membro Honorário da Academia Brasileira de Medicina da Reabilitação e da Academia Baiana de Medicina. Escritor, professor e também reconhecido palestrante, tem mais de 1.100 conferências proferidas em 22 países. Desde 2011, é cronista semanal do caderno Vida, de *Zero Hora*. Leitor inveterado, é fanático por Gabriel García Márquez, José Saramago, Philip Roth e Patricia Highsmith, além de cinéfilo e apreciador das artes – invejoso de qualquer pessoa que toque um instrumento musical.

É autor de seis livros sobre sua especialidade e dos seguintes livros de crônicas: *Se você para, você cai* (2019), *Felicidade é o que conta* (2017), *O que cabe em um abraço* (2016), *Do que você precisa para ser feliz?* (2015), *A tristeza pode esperar* (2013, Prêmio Açorianos de Literatura 2014 e Prêmio Livro do Ano AGES 2014), todos publicados pela L&PM Editores, e *Não pensem por mim* (AGE, 2008).

lepmeditores
www.lpm.com.br
o site que conta tudo

IMPRESSÃO:

PALLOTTI
GRÁFICA

Santa Maria - RS | Fone: (55) 3220.4500
www.graficapallotti.com.br